厳選30題で学ぶ！

英文
要旨要約
トレーニング

問題編

駿台文庫

次の英文の内容を 80 ～ 100 字の日本語に要約せよ。ただし，句読点も字数に数える。

When you see certain types of evergreen trees in the wild, such as spruces*, pines, and firs*, you can't help but imagine them with lights and colorful decorations covering them. From their wide bases that protect all those Christmas presents to their narrow peaks that hold a star or an angel, evergreen trees simply shout "Christmas!" to most people. If you step back and look at those trees geometrically, you might notice that they resemble a certain three-sided shape. Like all those Christmas trees you've drawn on homemade cards, the wide base and narrow top of many evergreen trees forms a triangle. When you see that triangle from multiple sides on a real tree, you realize it's shaped like a pyramid! Comparing pyramid-shaped evergreen trees to the many other trees you've seen, you get a sense of how unique they are. So why do some evergreens take such a unique pyramid shape when most other trees don't?

Experts believe the unique pyramid shape of certain evergreen trees is an adaptation that has evolved over thousands and thousands of years. Many of these evergreens, collectively known as conifers*, live in places with long, snowy winters. In these snowy areas, trees with traditional oval or circular tops would have a hard time surviving. The heavy, wet snow would collect in their upper branches and cause them to break off, damaging and possibly killing the tree. Evergreens, on the other hand, have narrow tops that help prevent heavy snow from building up.

Evergreens also tend to have shallow root systems. This makes them susceptible to being damaged by heavy winds. Being shaped like a pyramid, however, reduces their wind resistance, helping them stay upright even in the heaviest winds. Wind resistance is also reduced by the space between layers of branches, as well as the fact that they have thin needles rather than broad leaves.

The particular geography of pyramid-shaped evergreens plays an important role for another reason. The farther north you travel from the equator, the lower the angle is at which the Sun's rays reach Earth. Evergreens rely on sunlight year-round to fuel photosynthesis. Their pyramidal shape allows all their branches to receive more sunlight, since the upper branches don't shade the bottom branches.

（注）　spruce：トウヒ（マツ科の常緑高木）　　fir：モミ　　conifer：針葉樹

［下書き用］

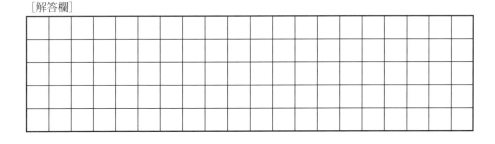

［解答欄］

2 次の英文を 60 〜 80 字の日本語に要約せよ。ただし，句読点も字数に数える。

It is significant that the scenery which the amateur painter finds most attractive as a subject for painting is the scenery most often avoided by the serious professional artist. Very few of the great landscape artists of the past or present have ever chosen to paint naturally dramatic or beautiful subjects. A landscape which is naturally beautiful or otherwise attractive to the human eye leaves the artist with little to do except faithfully copy what he sees before him. This is all very well for the amateur because it means he does not need to compose the picture he paints, rearranging the details of the natural scene. The scenery has already composed itself for him. The serious artist, however, does not want this. He prefers scenery the amateur painter would reject as plain or uninteresting. The professional prefers this type of scenery because of the challenge it offers to his skills as a painter: to see beauty where it is not easy to see, to create order where the natural elements are confused — in short, to make art from nature.

［下書き用］

［解答欄］

➡解説編 P.16

3 次の英文を 70 〜 90 字の日本語に要約せよ。ただし，句読点も字数に数える。

Some years ago, on a journey to America, I passed the time by asking my fellow passengers to answer some rather strange questions. The first was: 'Which seems to you the larger, an elephant or a second?' After explaining that I meant a second of time and not a second elephant, I then tried to find out what sort of length of time people would consider equal to the size of an elephant.

One man was a physicist. He insisted that the second must be equal to the distance travelled by light during that interval of time — which is much larger than an elephant, of course. But most other people voted for the elephant, though there were wide differences in the selection of a time suitable to compare with it.

Why would most people feel sure that an elephant is larger than a second? Presumably because we think of an elephant as larger than most animals we know, and seconds are smaller than most of the time intervals with which we are concerned. What we are really saying is that an elephant is large for an animal and a second is small as time goes. So we instinctively compare unlike objects by relating them to the average size of their kin.

［下書き用］

［解答欄］

4 次の文を読み，その要旨を 80 字から 100 字の日本語で書け。ただし，句読点も字数に数える。

Our early ancestors had little conception of the difference between human beings and the animal creation. To them all that had life was animated by a spirit, and the form of the enclosing body made little difference. Primitive man sees nothing impossible in the story that his tribe is descended from a beast or a bird; the lady in the fairy-tale who married a bear or a snake was doing nothing particularly improbable. As knowledge advanced, these animal husbands became enchanted men who regained their true shape at last, but this is a later modification to suit later ideas. The conception of "lower animals" is a modern notion based on the gradual recognition of the essential difference between man and the other inhabitants of this world. Early man saw them as creatures endowed with special gifts and obeying their own laws; often they appeared to him not less but more intelligent than himself. Our fairy-tales, with their helpful animals, talking birds and wise reptiles, are fossilized remains of a period when animals took equal place with man and were sometimes messengers or servants of the hidden gods. So today it may be seen that a great many of our superstitions about birds and animals are based on their supposed wisdom, cunning or magical powers rather than their inferiority in the scheme of things.

［下書き用］

［解答欄］

5 次の文章を読み，その要旨を 80 字から 100 字の日本語で書け。ただし，句読点も字数に数える。

It is a matter of argument whether we should wonder at the speed with which human-kind has mastered a hostile environment and so created the industrialized world we now inhabit, or, alternatively, despair at the almost agonizing slowness with which primitive man raised himself from such a low position to one of comparative plenty. The "take-off" to self-sustaining industrial growth was achieved towards the end of the eighteenth century. Yet the initial take-off to settled societies, when man (homo sapiens) first began to exploit his biological resources as a rational creature, took place as long ago as the New Stone Age. It was then that the key discoveries were made, or rather came into widespread use: how to grow crops; how to herd, breed and exploit animals; how to use tools; how to pass from mere defence against nature to attack; and in particular how to organize the collective power of the group. These gigantic intellectual leaps, which involved the concept of planning and the development of a sense of time, were more difficult than anything we have performed since. Hence our wonder. But we are also bound to ask why it was that Stone-Age man, having broken through the prison of his environment at a number of related points, took such a long time to make full use of his victories. Should not the process of the ever-increasing speed of development have begun thousands of years ago, instead of a mere hundred?

［下書き用］

［解答欄］

6 次の英文の内容を 90 ～ 100 字の日本語に要約せよ。ただし，句読点も字数に数える。

Irrational thinking stems from cognitive biases that strike us all. "People don't think like scientists; they think like lawyers. They hold the belief they want to believe, and then they recruit anything they can to support it," says Peter Ditto, a psychologist who studies judgment and decision-making at the University of California, Irvine. Motivated reasoning — our tendency to filter facts to support our pre-existing belief systems — is the standard way we process information, Ditto says. "We almost never think about things without some preference in mind or some emotional inclination to want one thing or another. That's the norm."

Is it possible to overcome these internal biases that sidetrack our thinking? The Center for Applied Rationality (CFAR) thinks so. This nonprofit group, based in Berkeley, Calif., holds workshops and seminars aimed at helping people develop habits of thought that break through biases.

The first step toward overcoming bias is to recognize and accept your fallibility*, says Julia Galef, president and co-founder of CFAR. "We tend to feel bad about ourselves when we notice we've been wrong," she says, but if you punish yourself, you create a disincentive for searching for truth. "We try to encourage people to congratulate themselves when they notice a flaw in their belief or realize that the argument someone else is making has some basis," Galef says.

Another trick Galef recommends is the flip* — turn your belief around. Ask yourself, "What are some reasons I might be wrong?" This strategy forces you to turn your attention to contrary evidence, which you might be motivated to overlook if you simply listed reasons for your views. Consider what it would look like for you to be wrong on this issue. Is any of the evidence compatible with this opposite view? Would you be inclined to believe this opposite argument if it were being promoted by someone from your own political party or social group? The answers can help you determine the strength of your position, Galef says, and whether it's time to reconsider it.

（注）　fallibility：誤りを免れない性質　　flip：裏返し

［下書き用］

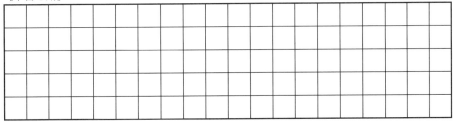

［解答欄］

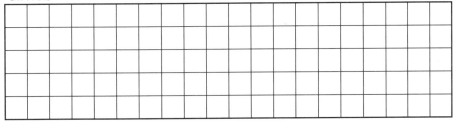

次の英文の内容を 80 〜 100 字の日本語に要約せよ。ただし，句読点も字数に数える。

Charles Darwin was not yet 30 when he got the basic idea for the theory of evolution. But it wasn't until he turned 50 that he presented his argument to the world. He spent those two decades methodically compiling evidence for his theory and coming up with responses to every skeptical counterargument he could think of. And the counterargument he anticipated most of all was that the gradual evolutionary process he envisioned could not produce certain complex structures.

Consider the human eye. It is made up of many parts — a retina*, a lens, muscles, jelly*, and so on — all of which must interact for sight to occur. Damage one part — detach the retina, for instance — and blindness can follow. In fact, the eye functions only if the parts are of the right size and shape to work with one another. If Darwin was right, then the complex eye had evolved from simple precursors. In *On the Origin of Species*, Darwin wrote that this idea "seems, I freely confess, absurd in the highest possible degree."

But Darwin could nonetheless see a path to the evolution of complexity. In each generation, individuals varied in their traits. Some variations increased their survival and allowed them to have more offspring. Over generations those advantageous variations would become more common — would, in a word, be "selected." As new variations emerged and spread, they could gradually tinker with* anatomy*, producing complex structures.

But recently some scientists and philosophers have suggested that complexity can arise through other routes. Some argue that life has a built-in tendency to become more complex over time. Others maintain that as random mutations arise, complexity emerges as a side effect, even without natural selection to help it along. Complexity, they say, is not purely the result of millions of years of fine-tuning through natural selection — the process that Richard Dawkins famously dubbed "the blind watchmaker." To some extent, it just happens.

（注）　retina：網膜　　jelly：硝子体

tinker with ...：…をいじくり回す　※「改善のため小さな改善を繰り返す」こと。

anatomy：（生物の解剖学的）構造

［下書き用］

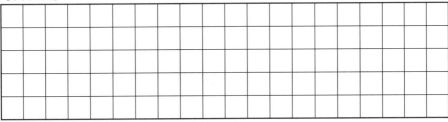

［解答欄］

8 次の文の要旨を 100 字から 120 字の日本語で書け。ただし，句読点も字数に数える。

A current topic of debate is the amount of support and services we are willing to provide for handicapped people. Many people believe that society has become more caring over the ages. However, if we look back in time, this may not prove to be true. A good example can be found by looking at some remains of a prehistoric culture.

Several skeletons were found in the Shanidar Cave in Iraq. It was the home of a tribe of Neanderthal who existed more than 40,000 years ago. One of these skeletons was of a man of about 40 years, an old age for that period. He is thought to have been killed by a falling stone. Careful study of the bones has shown that the man's right arm had never developed and had been cut off below the elbow. The condition of the teeth was also unlike that of other Neanderthal men's. They showed signs of excessive use, as if they had been employed to make up for the lack of a right arm.

How could someone so handicapped from his earliest years have survived to become an adult, and even live on to old age? Societies in such early times faced severe conditions. People who could hunt for meat were few. A handicapped person must have needed to keep close to the cave and been provided with meat. This seems to indicate a far greater degree of concern for the individual than previously assumed.

In fact, the level of care shown toward this tribesman is not always seen in present-day societies. Such concern indicates a sense of unity and cooperation that made possible the future achievements of humanity. With this in mind, are we doing enough for the handicapped? Rather than being too proud of the efforts that modern society has made, it would be wise to consider if we even equal the efforts of "precivilized" societies.

［下書き用］

［解答欄］

9 次の文の要旨を 80 字から 100 字の日本語で書け。ただし，句読点も字数に数える。

The notion that every problem can be studied as such with an open and empty mind, without knowing what has already been learned about it, must condemn men to a chronic childishness. For no man, and no generation of men, is capable of inventing for itself the arts and sciences of a high civilization. No one, and no one generation, is capable of rediscovering all the truths men need, of developing sufficient knowledge by applying a mere intelligence, no matter how acute, to mere observation, no matter how accurate. The men of any generation, as a French philosopher once put it, are like dwarfs seated on the shoulders of giants. If we are to "see more things than the ancients and things more distant" it is "due neither to the sharpness of our sight nor the greatness of our stature" but "simply because they have lent us their own." For individuals do not have the time, the opportunity or the energy to make all the experiments and to discern all the significance that have gone into the making of the whole heritage of civilization. In developing knowledge men must collaborate* with their ancestors. Otherwise they must begin, not where their ancestors arrived but where their ancestors began. If they exclude the tradition of the past from the curriculums of the schools they make it necessary for each generation to repeat the errors rather than to benefit by the successes of preceding generations.

（注）collaborate：work together

[下書き用]

[解答欄]

10 次の英文の内容を 80 〜 100 字の日本語に要約せよ。ただし，句読点も字数に数える。

A new study has provided evidence that the 'digital footprints' you leave behind on your visits to social media websites such as Facebook can reveal more about your personality than your family or best friends.

Researchers at California's Stanford University and the UK's University of Cambridge constructed a computer model that mined the Facebook Likes of some 86,220 volunteers who filled out a 100 question personality survey through a Facebook app called 'myPersonality'.

Their study found that the computer, by analyzing a mere 10 Facebook 'likes', was better able to predict an individual's personality than a co-worker. With 70 'likes' to study, the computer did better than a friend or roommate, and 150 'likes' enabled the computer to gauge personality traits better than parents or siblings.

With enough Facebook 'likes' to analyze, the study showed that only the spouse came as close as the computer model in accurately tracking psychological traits. The computer model needed to analyze at least 300 'likes' before coming close to making its personality forecast comparable in accuracy to a spouse.

To get an idea of just how accurate their new system was in forecasting personality traits, the research team compared the results of findings made by the new computer model to a number of past psychological studies that only used family and friends to judge personality traits. The researchers found that their new computer model was able to produce results that were similar to the averages produced by the person-to-person studies.

Describing their findings as an "empathic demonstration" of the computer's ability to unveil personality traits through purely scientific data analysis, the British /American collaboration also said that their investigation provided an "important milestone" by showing how non-human devices such as computers can get to know us better than had been expected. The research team also said that their work provides some insight into better human-computer interactions.

"In the future, computers could be able to infer our psychological traits and react accordingly, leading to the emergence of emotionally intelligent and socially skilled machines," said lead author Wu Youyou, from Cambridge's Psychometrics* Center in a university press release.

（注）　psychometrics：心理測定学

［下書き用］

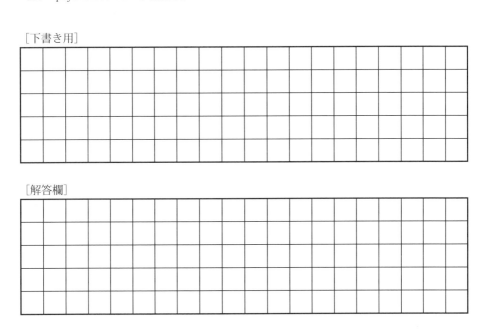

［解答欄］

11 次の英文を読み，その要旨を 50 ～ 60 字の日本語で書け。ただし，句読点も字数に数える。

The social disorder of the late eighteenth and early nineteenth centuries in America and Britain can be traced directly to the disruptive effects of the so-called first Industrial Revolution, when steam power and mechanization created new industries in textiles, railroads, and the like. Agricultural societies were transformed into urban industrial societies within the space of perhaps a hundred years, and all of the accumulated social norms, habits, and customs that had characterized rural or village life were replaced by the rhythms of the factory and city.

This shift in norms engendered what is perhaps the most famous concept in modern sociology, the distinction drawn by Ferdinand Tönnies between what he called gemeinschaft ("community") and gesellschaft ("society"). According to Tönnies, the gemeinschaft that characterized a typical premodern European peasant society consisted of a dense network of personal relationships based heavily on kinship and on the direct, face-to-face contact that occurs in a small, closed village. Norms were largely unwritten, and individuals were bound to one another in a web of mutual interdependence that touched all aspects of life, from family to work, and the few leisure activities that such societies enjoyed. Gesellschaft, on the other hand, was the framework of laws and other formal regulations that characterized large, urban, industrial societies. Social relationships were more formalized and impersonal; individuals did not depend on one another for mutual support to nearly the same extent and were therefore much less morally obligated.

The idea that informal norms and values will be replaced over time by rational, formal laws and rules has been a mainstay* of modern sociological theory ever since. The English legal theorist Sir Henry Maine argued that in premodern societies, people were tied to one another by what he called a "status" relationship. A father was bound to his family or a lord to his slaves and servants in a lifetime personal relationship that consisted of a host of informal, unarticulated, and often ambiguous mutual obligations. No one could simply walk away from the relationship if he or she didn't like it. In a modern capitalist society, by contrast, Maine argued that such relationships are based on "contract," for example, a formal agreement that an employee will provide a certain quantity of labor in return for a certain quantity of wages from the employer. Everything is spelled out in the wage contract and is therefore enforceable by the state; there are no age-old obligations or duties that accompany the exchange of money for services. Unlike a status relationship, in other words, the contract relationship is not a moral one: either party can break it at any time, provided the terms of the contract are fulfilled.

（注）　mainstay：頼みの綱

［下書き用］

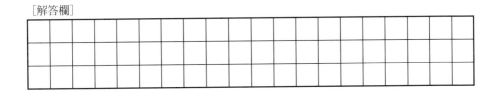

［解答欄］

12 次の英文の内容を 70 ～ 90 字の日本語に要約せよ。ただし，句読点も字数に数える。

To some degree, we all delegate mental tasks to others. When presented with new information, we automatically distribute responsibility for remembering facts and concepts among members of our particular social group, recalling some things on our own and trusting others to remember the rest. When we can't remember the right name or how to fix a broken machine, we simply turn to someone else charged with being in the know.

This divvying up avoids needless duplication of effort and serves to expand the memory capacity of the group as a whole. When we off-load responsibility for specific types of information to others, we free up cognitive resources that otherwise would have been used to remember this information; in exchange, we use some of these resources to increase our depth of knowledge in the areas for which we are responsible. When group members share responsibility for information, each member has access to knowledge both broader and deeper than could be obtained alone. Distributed memory binds the group together — any one individual is incomplete without being able to draw on the collective knowledge of the rest of the group.

This tendency to distribute information through what we call a "transactive memory system" developed in a world of face-to-face interactions, one in which the human mind represented the pinnacle* of information storage. Yet this world no longer exists. With the development of the Internet, the human mind has been reduced from a powerhouse* to an also-ran*.

Inviting the iPhone's Siri into one's social group changes everything. Our work suggests that we treat the Internet much like we would a human transactive memory partner. We off-load memories to "the cloud" just as readily as we would to a family member, friend or lover. The Internet, in another sense, is also unlike a human transactive memory partner; it knows more and can produce this information more quickly. Almost all information today is readily available through a quick Internet search. It may be that the Internet is taking the place not just of other people as external sources of memory but also of our own cognitive faculties. The Internet may not only eliminate the need for a partner with whom to share information — it may also undermine the impulse to ensure that some important, just learned facts get inscribed into our biological memory banks.

（注） pinnacle：頂点　　powerhouse：勝利を決定づけるもの，本命

also-ran：着外馬

［下書き用］

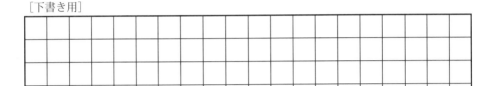

［解答欄］

13 次の英文を読み，その要旨を 90 ～ 100 字の日本語で書け。ただし，句読点も字数に数える。

They say that the early bird catches the worm. The truth, of course, is a bit more complicated. Garden songbirds have one task during the winter, which is to survive long enough to breed during the spring and summer. Small birds can lose up to 10 percent of their body weight in a single night, so they need to eat well every day. But if they pack on too much weight, they might slow down, leaving them vulnerable to predators such as the sparrow hawk*.

Researchers at the University of Oxford attached microchips to more than 2,000 songbirds to track the birds' movements. By outfitting an array of feeding stations with microchip detectors and moving some of the feeders every day, the researchers were able to infer how the birds found their meals.

Every morning the birds leave their nests and scout, assessing the quality and location of each food source without actually dining. By fasting in the morning, they remain nimble* enough to dodge predators during the daylight hours. As the afternoon wears on, armed with knowledge about where to find food, the birds return to eat, the researchers recently reported in *Biology Letters*.

The new experiment represents one of the first attempts to investigate how wild songbirds negotiate the competing challenges of feeding enough without becoming a tasty morsel* themselves. "Almost all previous studies are either theoretical models or work done in captivity," says Damien Farine, who led the experiment when he was a graduate student at Oxford.

Similar microchipping schemes will allow researchers to explore further questions about disease transmission among birds, as well as their social networks and cognitive abilities, says Ron Ydenberg, director of the Center for Wildlife Ecology at Simon Fraser University in British Columbia. "These kinds of analyses seemed impossibly complex when I was a graduate student

30 years ago," he adds.

（注）　sparrow hawk：ハイタカ　　　nimble：素早い　　　morsel：ごちそう

［下書き用］

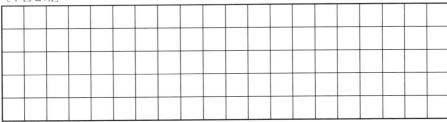

［解答欄］

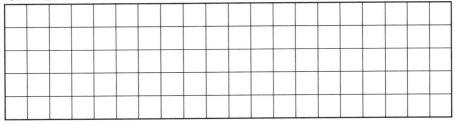

14 次の英文の要旨を，50 〜 70 字の日本語で書け。ただし，句読点も字数に含める。

It is reasonable to ask what good diversity does us. Diversity of *expertise* confers benefits that are obvious — you would not think of building a new car without engineers, designers and quality-control experts — but what about social diversity? What good comes from diversity of race, ethnicity, gender and sexual orientation? Research has shown that social diversity in a group can cause discomfort, rougher interactions, a lack of trust, greater perceived interpersonal conflict, lower communication, less cohesion, more concern about disrespect, and other problems. So what is the upside?

The fact is that if you want to build teams or organizations capable of innovating, you need diversity. Diversity enhances creativity. It encourages the search for novel information and perspectives, leading to better decision making and problem solving. Diversity can improve the bottom line of companies and lead to unfettered discoveries and breakthrough innovations. Even simply being exposed to diversity can change the way you think. This is not just wishful thinking: it is the conclusion I draw from decades of research from organizational scientists, psychologists, sociologists, economists and demographers.

The key to understanding the positive influence of diversity is the concept of informational diversity. When people are brought together to solve problems in groups, they bring different information, opinions and perspectives. This makes obvious sense when we talk about diversity of disciplinary backgrounds — think again of the interdisciplinary team building a car. The same logic applies to social diversity. People who are different from one another in race, gender and other dimensions bring unique information and experiences to bear on the task at hand. A male and a female engineer might have perspectives as different from one another as an engineer and a physicist — and that is a good thing.

Research on large, innovative organizations has shown repeatedly that this is the case. For example, business professors Cristian Deszö of the University of Maryland and David Ross of Columbia University studied the effect of gender diversity on the top firms in Standard & Poor's Composite 1500* list, a group designed to reflect the overall U.S. equity market. First, they examined the size and gender composition of firms' top management teams from 1992 through 2006. Then they looked at the financial performance of the firms. In their words, they found that, on average, "female representation in top management leads to an increase of $42 million in firm value."

Racial diversity can deliver the same kinds of benefits. In a study conducted in 2003, Orlando Richard, a professor of management at the University of Texas at Dallas, and his colleagues surveyed executives at 177 national banks in the U.S., then put together a database comparing financial performance, racial diversity and the emphasis the bank presidents put on innovation. For innovation-focused banks, increases in racial diversity were clearly related to enhanced financial performance.

（注）　Standard & Poor's Composite 1500：S&P1500 指数（米国企業株 1,500 銘柄からなる時価総額加重平均指数）

［下書き用］

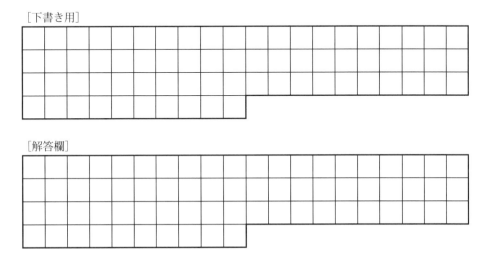

［解答欄］

15 次の文の要旨を 100 字から 120 字の日本語で書け。ただし，句読点も字数に数える。

Several years ago, certain scientists developed a way of investigating the nature of the atmosphere of the past by studying air caught in the ice around the North or South Pole. According to their theory, when snow falls, air is trapped between the snowflakes. The snow turns to ice with the air still inside. Over the years more snow falls on top, making new layers of ice. But the trapped air, these scientists believed, remains exactly as it was when the snow originally fell.

To find what air was like three hundred years ago, you use a drill in the shape of a hollow tube to cut deep into the layers of ice. When you pull up the drill, an ice core made of many layers comes up inside it. Then, back at the laboratory, you count the layers in the core — each layer represents one year — to find ice formed from the snow that fell during the year to be studied. Using this method, these scientists suggested that the amount of carbon dioxide (CO_2), one of the gases which may cause global warming, had increased greatly over the last two hundred years.

A Norwegian scientist, however, pointed out that there might be a problem with this method. He claimed that air caught in ice does not stay the same. In particular, he said, the quantity of CO_2 does not remain stable, since some of it is absorbed by ice crystals, some enters water, and some locks itself up in other chemicals. If this were true, then there could have been more CO_2 in the past than we thought. Even so, measurements taken over the past thirty years show that CO_2 has increased by over ten percent during this short period.

［下書き用］

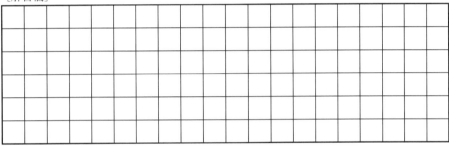

［解答欄］

16　「蛍光ペン」について論じた次の英文を読み，全文を 70 〜 80 字の日本語に要約せよ。ただし，句読点も字数に数える。

The use of highlighters — those marking pens that allow readers to emphasize passages in their books with transparent overlays of bright color — is significantly affecting the education of university students by distorting and cheapening the way many read.

While some students still read without using any kind of marker, and some continue to use pens or pencils, most have switched to highlighters. The most common use of highlighters is for simply marking, with a colorful coating over the words, the main points of a text that the student needs to read.　While this might seem harmless, such highlighter use in fact encourages passive reading habits — a mindless swallowing of words that pass through the reader without making any lasting impression.　This can have a serious effect on young adults who very much need to learn to read actively, critically, and analytically.

It might be objected, with some justification, that the use of a pencil or pen could also bring about the same result.　It is nevertheless proper to hold the highlighter responsible for the actual decline in reading skills.　When a pencil or pen is used for a highlighting (that is, underlining) purpose, it is ordinarily used also for writing notes in the margins, a process that greatly intensifies the reader's involvement with the text.　The highlighter is practically useless for this purpose.

［下書き用］

［解答欄］

➡解説編 P.72

17 次の英文の内容を，70 〜 80 字の日本語に要約せよ。ただし，句読点も字数に含める。

The silk that spiders use to build their webs, trap their prey, and hang from the ceiling is one of the strongest materials known. But it turns out it's not just the material's exceptional strength that makes spider webs so durable.

Markus Buehler, an associate professor of civil and environmental engineering, previously analyzed the complex structure of spider silk, which gains strength from different kinds of molecular* interactions at different scales. He now says a key property of the material that helps make webs strong is the way it can soften at first when pulled and then stiffen again as the force increases. Its tendency to soften under stress was previously considered a weakness.

Buehler and his team analyzed how materials with different properties, arranged in the same web pattern, respond to localized stresses. They found that materials with simpler responses perform much less effectively.

Damage to spider webs tends to be localized, affecting just a few threads — the place where a bug got caught and struggled around, for example. This localized damage can be repaired easily or just left alone if the web continues to function adequately. "Even if it has a lot of defects, the web still functions mechanically virtually the same way," Buehler says.

To test the findings, he and his team literally went into the field, pushing and pulling at spider webs. In all cases, damage was limited to the immediate area they disturbed.

This suggests that there could be important advantages to materials whose responses are complex. The principle of permitting localized damage so that an overall structure can survive, Buehler says, could end up guiding structural engineers. For example, earthquake-resistant buildings might bend up to a point, but if the shaking continued or intensified, specific structural elements could break first to contain the damage.

That principle might also be used in the design of networked systems: a computer experiencing a virus attack could shut down instantly, before its problems spread. So the World Wide Web may someday grow more secure thanks to lessons learned from the spidery construction that inspired its name.

（注）　molecular ＝ molecule（分子）の形容詞形

［下書き用］

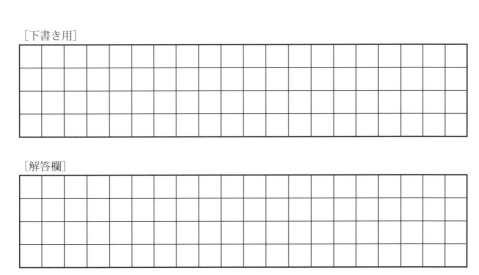

［解答欄］

18 次の英文の内容を 100 ～ 130 字の日本語に要約せよ。ただし，句読点も字数に含める。

Until a few years ago, the common idea among archaeologists* was that early human beings began to practice farming because they had no choice. Experts claimed that population growth led people to push some of their group members out of the most productive areas where it was easy to hunt and gather plenty of food from the wild.

Living on the poorer edges of the rich environments, according to the old thinking, these people noticed that seeds of gathered wild plants often began to grow where they had been thrown away or accidentally dropped. They then realized that planting crops intentionally in these poor areas provided a more plentiful and reliable source of food than hunting and collecting wild plants that could be eaten. As a result, according to the traditional idea, temporary camps in the poor areas developed into permanent settlements. Recent research, however, suggests it didn't happen quite that way.

Archaeologists now think that agriculture might not have begun just by accident. Instead, it might have begun because early humans did some scientific research. They say that because ancient peoples had experienced occasional bad years when wild foods were not easily available, people thought they should look for ways of making sure they always had enough food. So they experimented with particular wild plants, and eventually chose to grow the ones that seemed the best. Archaeologists say now that necessity was not necessarily the mother of the invention of agriculture. Instead, human creative ability was.

（注）　archaeologist：考古学者

［下書き用］

［解答欄］

37

［下書き用］

［解答欄］

19 次の文を読み，その要旨を 90 字から 110 字の日本語で書け。ただし，句読点も字数に数える。

All animals are playing a potentially very dangerous game with their environment, a game in which they must make decisions for which the reward is survival and the penalty for a mistake is discomfort or even death. In this game, however, fair play is not to be expected; for, the fact is, it is always rigged* in one way or another, and all species cheat in some way.

Let us consider two extreme cases: first, our own species as an example of an animal in which responses are almost wholly determined by individual experience. I have a small son. The fact that he has survived to the age of two is largely due to considerable care on the part of his normally untidy parents. Since he happened to us, we have learned to clear up. We hide saws and chisels*; we lay ladders flat instead of leaving them propped against things; and we shut the garden gate. In short, the boy's opportunities for experiment are kept within limits, so that while he is free to learn by experience, we can be fairly sure that he is not going to hurt himself really badly. As he learns more about the world, we can relax the limits. It is generally accepted that the full treatment takes about twenty years, so we have another eighteen years to go.

This is one way of rigging the survival game. The other extreme way is to have the right answers to all potentially disastrous experiments fitted in at the outset. For example, any sea anemone* knows what is edible* and what is not. It will grasp food with its tentacles* and cram it into its mouth. It will reject inedible objects and close up when poked. A sea anemone does not learn to do these things; these responses are built in from the outset, and they are unaltered by individual experience. You cannot teach anything to a sea anemone; it just does not learn.

(注) rig：arrange (an event, etc.) dishonestly for one's own advantage
chisel：（大工道具の）のみ　　sea anemone：イソギンチャク
edible：fit to be eaten　　tentacle：触手

[下書き用]

[解答欄]

20 次の英文の要旨を，70〜80字の日本語にまとめよ。ただし，句読点も字数に含める。

According to one widely held view, culture and country are more or less interchangeable. For example, there is supposed to be a "Japanese way" of doing business (indirect and polite), which is different from the "American way" (direct and aggressive) or the "German way" (no-nonsense and efficient), and to be successful, we have to adapt to the business culture of the country we are doing business with.

A recent study has challenged this approach, however. Using data from 558 previous studies over a period of 35 years, this new research analyzed four work-related attitudes: the individual versus the group; the importance of hierarchy and status; avoiding risk and uncertainty; and competition versus group harmony. If the traditional view is correct, differences between countries ought to be much greater than differences within countries. But, in fact, over 80% of the differences in these four attitudes were found within countries, and less than 20% of the differences correlated with country.

It's dangerous, therefore, to talk simplistically about Brazilian culture or Russian culture, at least in a business context. There are, of course, shared histories and languages, shared foods and fashions, and many other shared country-specific customs and values. But thanks to the many effects of globalization — both in human migration and the exchange of technologies and ideas — it's no longer acceptable to generalize from country to business culture. A French businessperson in Thailand may well have more in common with his or her Thai counterparts than with people back in France.

In fact, occupation and socioeconomic status are much better predictors of work values than country of origin. A hundred doctors from different countries, for example, are much more likely to share attitudes than a hundred Britons from different walks of life. Language aside, a truck driver in Australia is likely to find an Indonesian truck driver more familiar company than an Australian lawyer.

Successful negotiation depends on being able to predict the actions of the other party. In an international context, to the extent that our judgments arise from ideas about national characteristics, we are likely to make the wrong predictions and respond inappropriately. Cultural stereotyping by country is just bad business.

［下書き用］

［解答欄］

21 次の英文を読み，「オーラル・ヒストリー」の特徴と影響を 100 ～ 120 字の日本語に要約せよ。ただし，句読点も字数に含める。

In the second half of the twentieth century, oral history has had a significant impact upon contemporary history as practised in many countries. While interviews with members of social and political elites have expanded the range of existing documentary sources, the most distinctive contribution of oral history is that it includes within the historical record the experiences and perspectives of groups of people who might otherwise have been 'hidden from history'. Although such people may in the past have been written about by social observers or in official documents, their own voices have only rarely been preserved — usually in the form of personal papers or pieces of autobiographical writing. Through oral history interviews, working-class men and women, and members of cultural minorities, among others, have added their experiences to the historical record, and offered their own interpretations of history. Moreover, interviews have documented particular aspects of historical experience which tend to be missing from other sources, such as personal relations, domestic work or family life, and they have resonated with the subjective or personal meanings of lived experience.

Oral history has challenged the historical enterprise in other ways. Oral historians have had to develop skills required for the creation of recorded interviews, and to learn from different academic fields — including sociology, anthropology, psychology and linguistics — to better understand the narratives of memory. Most significantly, oral history is based on an active human relationship between historians and their sources, which can transform the practice of history in several ways. The narrator not only recalls the past but also asserts his or her interpretation of that past; and thus, in participatory oral history projects, the interviewee can be a historian as well as the source. Moreover, for some who practise it, oral history has gone beyond just making histories. In certain projects a primary aim has

been the empowerment of individuals or social groups through the process
of remembering and reinterpreting the past.

[下書き用]

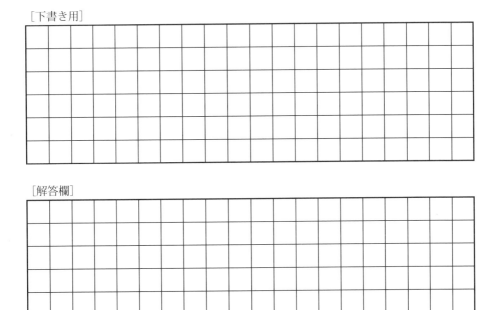

[解答欄]

22 次の文の要旨を50字から70字の日本語で書け。ただし, 句読点も字数に数える。

No one can write a man's life but himself. The character of his inner being, his real life, is known only to himself, but in writing it he disguises it. Under the name of his life he makes an apology. He shows himself as he wishes to be seen, but not at all as he is. The sincerest persons are truthful at most in what they say, but they lie by their silences. Things of which they say nothing change so greatly what they pretend to confess that in uttering only a part of the truth they say nothing. A man may show himself with his faults, but he is certain to give himself none but amiable ones; and there is no man who does not have odious ones. He may paint his likeness, but it is a profile. Who knows whether some ugly scar on the cheek or an eye put out on the side which he conceals from us would not have totally changed the appearance of his face?

［下書き用］

［解答欄］

23 次の英文の内容を，60 ～ 70 字の日本語に要約せよ。ただし，句読点も字数に含める。

There are estimated to be about 5,000 languages currently spoken in the world today, depending on which you count as dialects and which as distinct languages. To these, you can perhaps add a handful of 'dead' languages that are still taught in schools (ancient Greek and Latin) or used in religious services (Sanskrit and Ge'ez). Linguists expect that well over half of all these languages will become extinct, in the sense of having no native speakers, within the next half-century. They are mostly languages which currently have fewer than a thousand native speakers, most of whom are already elderly. The time may come, it has even been suggested, when the world will be dominated by just two languages; on present performance, these will almost certainly be English and Chinese. The loss of all these languages will, of course, be a pity. As we lose them, we lose fragments of our past, for languages represent the history of peoples, the accumulation of their experiences, their migrations and the invasions they have suffered.

But this observation overlooks one curious feature of human behaviour: our tendency to generate new dialects as fast as we lose others. English has spread around the globe to become the common language for trade, government and science, as well as the national language of countries on every continent; yet, at the same time, many local dialects have developed whose speakers can hardly understand each other. Most linguists now recognize Pisin (the 'pidgin English' of New Guinea), Black English Vernacular (a form of English mainly spoken by blacks in the major cities of the US), Caribbean Creoles (the English of the various Caribbean islands) and Krio (the Creole of Sierra Leone in West Africa) and even Scots (the English spoken in the Scottish lowlands) as distinct languages.

[下書き用]

[解答欄]

47

24 次の文を読み，その要旨を 80 字から 100 字の日本語で書け。ただし，句読点も字数に数える。

If history is regarded as just the record of the past, it is hard to see any grounds for claiming that it should play any large role in the curriculum of elementary education. The past is the past, and the dead may be safely left to bury their dead. There are too many urgent demands in the present, too many calls over the threshold of the future, to permit the child to become deeply absorbed in what is forever gone by. Not so when history is considered as an account of the forces and forms of social life. Social life we have always with us; the distinction of past and present is indifferent to it. Whether it was lived just here or just there is a matter of slight moment. It is life for all that; it shows the motives which draw men together and push them apart, portrays what is desirable and what is hurtful. Whatever history may be for the scientific historian, for the educator it must be an indirect sociology — a study of society which reveals its process of becoming and its modes of organization. Existing society is both too complex and too close to the child to be studied. He finds no clues into its labyrinth* of detail and can mount no heights from which to get a perspective of its arrangement.

（注） labyrinth：迷宮

［下書き用］

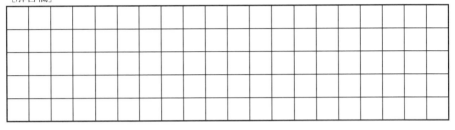

［解答欄］

25 次の文章は英国の自然について述べたものである。その要旨を 60 字から 80 字の日本語で書け。ただし，句読点も字数に数える。

There are not many places where one can feel with complete assurance that this is exactly as the first inhabitants saw it in "the freshness of the early world." Not much of England, even in its more remote places, has escaped being altered by man in some subtle way or other, however untouched we may fancy it is at first sight. Sherwood Forest* and Wicken Fen* are not quite what they seem. The historian, trying to enter into the minds of the first men to behold a virgin landscape, trying to imagine precisely what they saw and no more, is aware of some of the difficulties of his task, if not of all. One needs to be a botanist, a geographer, and a naturalist, as well as a historian, to be able to feel certain that one has all the facts right before allowing the imagination to play over the small details of a scene. We must be extremely careful not to clothe the landscape with the wrong kinds of trees, or allow in it plants and birds that are really only the product of some recent changes, or fail to observe that the river has changed its course well within historic times. We may have to make all sorts of allowances — subtracting here and adding there — before the natural landscape, still untouched by man, is recovered in all its purity and freshness.

（注） Sherwood Forest：英国中部の古い森

Wicken Fen：英国東部の沼沢地帯

［下書き用］

［解答欄］

51

xx

xx

26 次の英文の内容を 80 ～ 100 字の日本語に要約せよ。ただし，句読点も字数に数える。

What is research? You do research every time you ask a question and look for facts to answer it, whether the question is as simple as finding a plumber* or as profound as discovering the origin of life. When only you care about the answer or when others need just a quick report of it, you probably won't choose to write it out. But when others will be able to accept your conclusions only after studying how you have reached them, you will need to report your research in writing. In fact, reports of research tell us most of what we can reliably believe about our world — that once there were dinosaurs, that germs cause disease, even that the earth is round.

You may think your report will add little to the world's knowledge. Maybe so. But done well, it will add a lot to yours and to your ability to write your next report. You may also think that your future lies not in scholarly research but in a business or profession. But research is as important outside the academic world as in, and in most ways it is the same. So as you practice the craft of academic research now, you prepare yourself to do research that one day will be important at least to those you work with, and perhaps to us all.

As you learn to do your own research you also learn to use — and judge — that of others. In every profession, researchers must read and evaluate reports before they make a decision, a job you'll do well only after you've learned how others will judge yours. We are mainly concerned here with research in the academic world, but every day we read or hear about research that can affect our lives. Before we believe those reports, though, we must think about them critically to determine whether they are based on evidence and reasoning that we can trust.

To be sure, we can *reach* good conclusions in ways other than through reason and evidence: we can rely on tradition and authority, on intuition, spiritual insight, or even on our most basic emotions. But when we try to *explain* to others not just why we believe our claims but why they should too, we must do more than just state an opinion and describe our feelings.

That is how a *research* report differs from other kinds of persuasive writing: it must rest on shared facts that readers accept as truths independent of your feelings and beliefs. They must be able to follow your reasoning from evidence that they accept to the claim that you draw from it. Your success as a researcher thus depends not just on how well you gather and analyze data, but on how clearly you report your reasoning so that your readers can test and judge it before making your claims part of their knowledge and understanding.

(注) plumber：配管工

[下書き用]

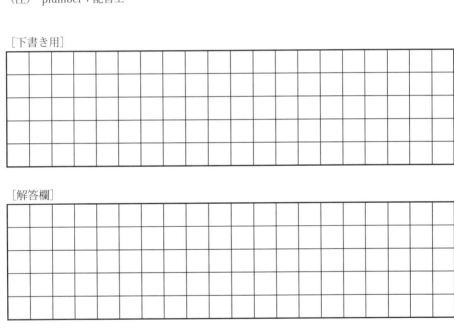

[解答欄]

27 次の英文の要旨を 50 ～ 60 字の日本語でまとめよ。ただし，句読点も字数に数える。

What should we do in response to biotechnology* that in the future will mix great potential benefits with threats that are either physical and overt or spiritual and subtle? The answer is obvious: *We should use the power of the state to regulate it.* And if this proves to be beyond the power of any individual nation-state to regulate, it needs to be regulated on an international basis. We need to start thinking concretely now about how to build institutions that can discriminate between good and bad uses of biotechnology, and effectively enforce these rules both nationally and internationally.

This obvious answer is not obvious to many of the participants in the current biotechnology debate. The discussion remains mired at a relatively abstract level about the ethics of procedures like cloning or stem cell research, and divided into one camp that would like to permit everything and another camp that would like to ban wide areas of research and practice. The broader debate is, of course, an important one, but events are moving so rapidly that we will soon need more practical guidance on how we can direct future developments so that the technology remains man's servant rather than his master. Since it seems very unlikely that we will either permit everything or ban research that is highly promising, we need to find a middle ground.

The creation of new regulatory institutions is not something that should be undertaken lightly, given the inefficiencies that surround all efforts at regulation. For the past three decades, there has been a commendable worldwide movement to deregulate large sectors of every nation's economy, from airlines to telecommunications, and more broadly to reduce the size and scope of government. The global economy that has emerged as a result is a far more efficient generator of wealth and technological innovation. Excessive regulation in the past has led many to become instinctively hostile to state intervention in any form, and it is this knee-jerk aversion to regulation that will be one of the chief obstacles to getting human biotechnology under political control.

We need at all costs to avoid a defeatist attitude with regard to technology that says that since we can't do anything to stop or shape developments we don't like, we shouldn't bother trying in the first place. Putting in place a regulatory system that would permit societies to control human biotechnology will not be easy: it will require legislators in countries around the world to step up to the plate and make difficult decisions on complex scientific issues. The shape and form of the institutions designed to implement new rules is a wide-open question; designing them to be minimally obstructive of positive developments while giving them effective enforcement capabilities is a significant challenge. Even more challenging will be the creation of common rules at an international level: the forging of a consensus among countries with different cultures and views on the underlying ethical questions. But political tasks of comparable complexity have been successfully undertaken in the past.

（注）biotechnology：生物工学

［下書き用］

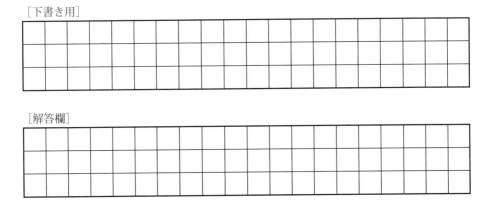

［解答欄］

28 次の英文の要旨を 50 〜 70 字の日本語でまとめよ。ただし，句読点も字数に数える。

Sunrise on the Serengeti, and life on the savanna is in full swing. Zebras and wildebeests* graze the dewy grass; elephants and giraffes munch on acacia leaves; and lions and hyenas survey the scene, looking for their next meal. To visit this place is, in some ways, to see the world as it looked to our ancestors millions of years ago, long before humans began to wreak havoc on the planet — or so the conventional wisdom goes. Indeed, much of eastern Africa is often thought of as a pristine ecosystem, largely unchanged by our kind in the more than two million years since our genus, *Homo*, arose.

But new research paints a rather different picture of this supposedly unaltered place. In my studies of the fossil record of African carnivores, I have found that lions, hyenas and other large-bodied carnivores that roam eastern Africa today represent only a small fraction of the diversity this group once had. Intriguingly, the decline of these carnivores began around the same time that early *Homo* started eating more meat, thus entering into competition with the carnivores. The timing of events hints that early humans are to blame for the extinction of these beasts — starting more than two million years ago, long before *Homo sapiens* came on the scene.

The rise of this new meat eater — and the loss of the big carnivores — would have triggered large-scale changes farther down the food chain, affecting the prey animals and even the plants those creatures ate. Thus, if my hypothesis is correct, our forebears began radically transforming ecosystems far earlier than previously thought, at a time when ancestral population sizes were quite small. *Homo*, it seems, has been a force of nature from the outset.

Fossil carnivores — which is to say, members of the Carnivora order* of mammals — have captivated me ever since I first read about them in the books of Finnish paleontologist* Björn Kurtén as a teenager. Back then, I just thought they were cool, and I knew that they played an essential role as regulators of herbivore* populations, which would explode without these predators to keep them in check. Only after I began studying carnivore fossils professionally, however, did I come to appreciate how their relationship with humans has evolved over millions of years.

（注）　wildebeests：ヌー　　Carnivora order：食肉目，肉食動物

　　　　paleontologist：古生物学者　　herbivore：草食動物

［下書き用］

［解答欄］

29 次の英文の要旨を，100 〜 120 字の日本語にまとめよ。ただし，句読点も字数に含める。

The notion of "imagined family" helps us to understand how group feelings can be extended beyond real family. Because humans evolved in small groups whose members were closely related, evolution favored a psychology designed to help out members of our close families. However, as human societies developed, cooperation between different groups became more important. By extending the language and sentiments of family to non-family, humans were able to create "imagined families" — political and social communities able to undertake large-scale projects such as trade, self-government, and defense.

By itself, though, this concept still can't explain why we consider all members of such a community to be equal. Imagined family differs from real family not only by the lack of genetic ties, but also by the lack of distinction between near and distant relatives. In general, all members of a brotherhood or motherland have equal status, at least in terms of group membership, whereas real family members have different degrees of relatedness and there is no fixed or firm way of defining family membership or boundaries. We need to search for a more fundamental factor that unites people and creates a strong bond among them.

At a deeper level, human communities are united by a well-known psychological bias which is believed to be universal. Studies of childhood development across cultures indicate that people everywhere tend to attribute certain essential qualities to human social categories such as race, ethnicity, or dress. This mental attitude has been used to generate notions of "in-group" versus "out-group", and to give coherence to a group where initially there was none, dramatically enhancing the group's chance of survival. However, this can also lead us to see an "out-group" as a different biological species, increasing the risk of hostility and conflict. Throughout history, and likely through human prehistory, people have routinely organized themselves to fight or dominate others by seeing them as belonging to different species.

［下書き用］

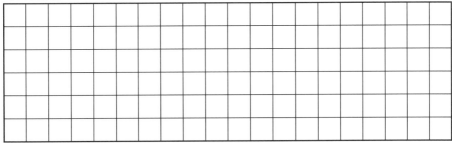

［解答欄］

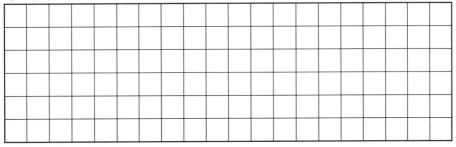

30 次の英文の要旨を 70 〜 90 字の日本語でまとめよ。ただし，句読点も字数に数える。

When Rachel Martinez-Regan graduated from her high school in western Oregon state this month, her diploma had a little something extra — an embossed seal certifying that she is bilingual. She is one of more than a dozen students at Corvallis High School who earned the distinction based on their proficiency in English and Spanish. The honor is part of a pilot project led by several school districts in the state with dual-language programs, and the Oregon Department of Education plans to make the bilingual seals available statewide next year. California, New Mexico, Washington, Illinois and Louisiana are among the other states that are recognizing and rewarding bilingual education. Martinez-Regan said the bilingual program was academically challenging, but she is certain it will give her career plans a boost. "I'm thinking of becoming a lawyer, to give the Spanish-speaking community a voice," said Martinez-Regan, who is half Latina but did not speak Spanish before enrolling in the program. She will attend Yale University this fall.

Dual-language programs have gained in popularity across the U.S. as employers seek bilingual, bicultural workers, and more parents view bilingualism as necessary for their children's success in a globalized world. Experts say dual programs and the languages they teach also reflect the nation's growing diversity and the fact that students who speak a language other than English at home are among America's fastest-growing populations.

Congress first mandated bilingual education in 1968 to keep non-English-speaking students from falling behind their peers by teaching them academic subjects in their native language while they also learned English. Bilingual programs were put in place throughout the United States and flourished for several decades. But as the number of immigrants, especially Asians and Latinos, exploded in the 1980s and 1990s and continued to grow,

there was a backlash* to ensure English did not lose its primacy. More than
20 states made English their official language. In recent years, though,
bilingual education has regained its popularity and is increasingly attracting
native English speakers.

（注）　backlash：反動

［下書き用］

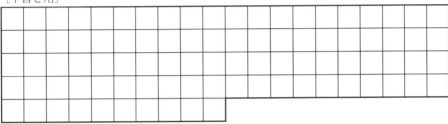

［解答欄］

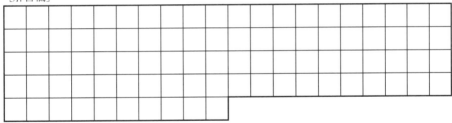

練習用解答欄

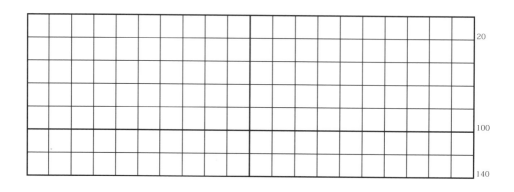

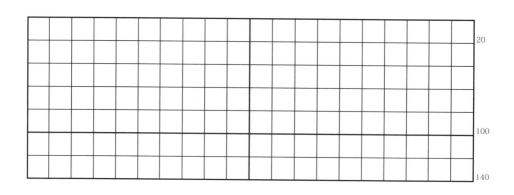

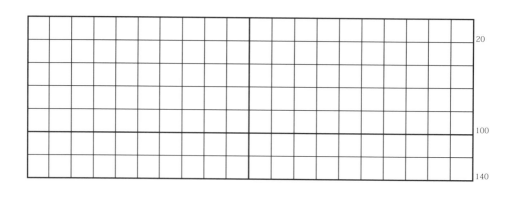

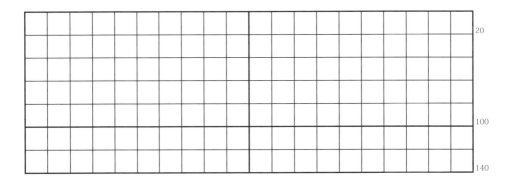

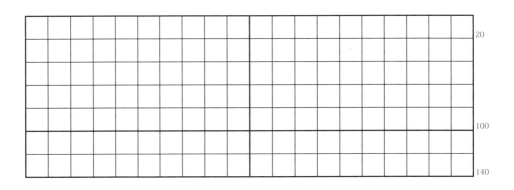

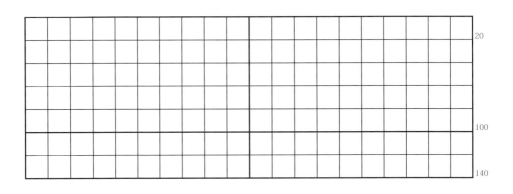

20210403②

駿台受験シリーズ

厳選30題で学ぶ!

英文要旨要約トレーニング

竹岡広信　著

駿台文庫

はじめに

1. 「英文を日本語で要約する」ということについて

　要旨要約問題に対して昔からなされる批判の代表的なものは，「英語の試験なのになぜ日本語を使わないといけないのか」「英語の試験は全て英語で問い，英語で答えるのがあたりまえでしょう」というものです。こういった意見の問題点は「英語の試験なのに」という前提部分です。大学（特に東京大学のような日本の中枢を担っていくだろう人材を輩出する使命のある大学）の「英語の試験」は，「英語の技能試験」もしくは「英語力の試験」だけではありません。受験者が大学の授業の内容を消化し，またアカデミックな研究ができるかどうかを問う「学力試験」も兼ね備えているわけです。普通にまとめれば 200 字ぐらいの日本語になってしまうものを 80 字でまとめるには「英語を読みその内容を理解する能力」は当然で，さらに「情報を取捨選択する能力」「その日本語を論理的に組み立てる能力」「語数を縮めるだけの漢字力や語彙力」などが要求されるのです。

　もし「英語力」「英語運用能力」だけの試験にすれば帰国子女が断然有利になるでしょう。しかし，そうした帰国子女の全てが本当の意味での「学力」を有しているかどうかは別の問題です。だからこそ，大学の入学試験に要旨要約問題を課すことには意義があるのです。

2. 「要旨か，要約か」ということについて

　東大は 1960 年代の頃は「大意をまとめよ」でしたが，最近では「要旨をまとめよ」あるいは「要約せよ」という指示がほとんどです。大学側は果たして両者の違いを考えて使い分けているのかの真相は不明ですが，この本では，「要約」は「譲歩・具体例も含めて英文全体をまとめるもの」として，「要旨」は「筆者が言いたいことだけをまとめるもの」と考えています。

3. 「情報をギュッと圧縮する」ということについて

　「現実に起きていることと，理論上起こりうることには差がある（28 字）」を圧縮すると「現実と理論との齟齬（9 字）」となります。ですから，（超有能な人は除いて）下書きもせず，圧縮されない日本語で何となく要約を書くと，肝心の情報が入っていない要約ができあがっています。ですから最初は制限字数の 1.5 倍〜2 倍ぐらいの字数で答えを作成して，それを圧縮するという 2 段階の工程でやるといいでしょう。「情報をパンパンに詰めること」がポイントです。

著者　記す

本書の構成

問題編

> 1　次の英文の内容を80〜100字の日本語に要約せよ。ただし、句読点も字数に数える。
>
> →解説編 P.8
>
> When you see certain types of evergreen trees in the wild, such as spruces*, pines, and firs*, you can't help but imagine them with lights and colorful decorations covering them. From their wide bases that protect all those Christmas presents to their narrow peaks that hold a star or an angel, evergreen trees simply shout "Christmas!" to most people. If you step back and look at those trees geometrically, you might notice that they resemble a certain three-sided shape. Like all those Christmas trees you've drawn on homemade cards, the wide base and narrow top of many evergreen trees forms a triangle. When you see that triangle from multiple sides on a real tree, you realize it's shaped like a pyramid! Comparing pyramid-shaped evergreen trees to the many other trees you've seen, you get a sense of how unique they are. So why do some evergreens take such a unique pyramid shape when most other trees don't?
>
> Experts believe the unique pyramid shape of certain evergreen trees is an adaptation that has evolved over thousands and thousands of years. Many of these evergreens, collectively known as conifers*, live in places with long, snowy winters. In these snowy areas, trees with traditional oval or circular tops would have a hard time surviving. The heavy, wet snow would collect in their upper branches and cause them to break off, damaging and possibly killing the tree. Evergreens, on the other hand, have narrow tops that help prevent heavy snow from building up.
>
> Evergreens also tend to have shallow root systems. This makes them susceptible to being damaged by heavy winds. Being shaped like a pyramid, however, reduces their wind resistance, helping them stay upright even in the heaviest winds. Wind resistance is also reduced by the space between layers of branches, as well as the fact that they have thin needles rather than broad leaves.
>
> The particular geography of pyramid-shaped evergreens plays an
>
> important role for another reason. The farther north you travel from the equator, the lower the angle is at which the Sun's rays reach Earth. Evergreens rely on sunlight year-round to fuel photosynthesis. Their pyramidal shape allows all their branches to receive more sunlight, since the upper branches don't shade the bottom branches.
>
> (注) spruce：トウヒ（マツ科の常緑高木）　fir：モミ　conifer：針葉樹
>
> [下書き用]
>
> [解答欄]

■問題■
各問題で指定される字数が異なります。また、本文の内容につながる情報が含まれている場合もあります。問題文もきちんと読みましょう。

■解答欄■
[下書き用]と清書用の[解答欄]があり、1行20字のマス目があります。

解説編

> ### 「ピラミッド型の常緑樹の形状」
>
> 難易度：★☆☆☆☆
>
> **段落メモと要約を書くためのポイント**
>
> ¶1　一部の常緑樹がピラミッド型であるのはなぜか。
> ¶2　ピラミッド型：豪雪地帯で雪が枝に積もるのを防ぐ
> ¶3　ピラミッド型：風の抵抗を受けにくい
> ¶4　ピラミッド型：上部が細く下になる直線が狭いため下の葉も日光を浴びやすい
>
> ¶1の⑦の疑問文は「問題提起」である。筆者は答えを持っており、それが本文に書かれる。この文章の要約では、問題提起とその答えをまとめるとよい。
>
> 冒頭「ピラミッド型の謎を説明する文章なので、望まれる全体の書き方は「常緑樹にはピラミッド型をしたものがある。（その理由は…である）」や、「一部の常緑樹がピラミッド型である理由は、…ということである」などである。
>
> **模範要約例**
>
> [99字]
>
> | 常 | 緑 | 樹 | に | は | ピ | ラ | ミ | ッ | ド | 型 | を | し | た | も | の | が | あ | る | 。 |
> |---|---|---|---|---|---|---|---|---|---|---|---|---|---|---|---|---|---|---|---|
> | 針 | 葉 | 樹 | で | 先 | が | 尖 | っ | た | 形 | 状 | の | た | め | 雪 | が | 木 | に | 積 | も |
> | り | に | く | く | 、 | 枝 | 間 | に | す | き | 間 | が | あ | る | た | め | 風 | の | 抵 | 抗 |
> | を | 緩 | 和 | し | 、 | 上 | 部 | が | 細 | く | 影 | の | 面 | 積 | が | 小 | さ | い | た | め |
> | 下 | の | 葉 | も | 太 | 陽 | の | 光 | を | 浴 | び | や | す | い | の | で | あ | る | 。 | |
>
> **解説**　常緑樹の形状に関する文章なので、一貫して「〜（という形の）ために…」という説明をすべきである。¶4の「下の葉が太陽の光を浴びやすい」ことに対する理由は述べている各事実が多い。「上部が細く葉の面積が小さいため」という一言を足しておきたい。
>
> 比較的情報量が多いので、必要な情報を選びとって情報量に届かないので文字数を削ること。たとえば生徒要約例の①の「雪が積もって枝が折れないようにする（17字）」は、「雪が木に積もりにくくする（12字）」にできる。いかに文字数削り情報をつめこむかが勝負だ。
>
> **英文要約例**
>
> [56 words]
>
> Some types of evergreen trees are pyramid-shaped. These evergreens' pointed tops make it difficult for snow to build up there, and having thin needles instead of leaves and spaces between branches reduces their wind-resistance and helps them stay upright. Their pyramidal shape, with its small upper part, also allows all the branches to receive sunlight equally.
>
> **生徒要約例**
>
> ●その1　評価：B−　字数：86字
>
> | モ | ミ | な | ど | の | 常 | 緑 | 樹 | が | ピ | ラ | ミ | ッ | ド | 型 | を | し | て | い | る |
> |---|---|---|---|---|---|---|---|---|---|---|---|---|---|---|---|---|---|---|---|
> | の | は | 、 | 雪 | が | 積 | も | っ | て | 枝 | が | 折 | れ | な | い | よ | う | に | す | る |
> | た | め | と | 強 | 風 | に | 耐 | え | る | た | め | 、 | そ | し | て | 一 | 年 | 中 | 日 | 光 |
> | が | 必 | 要 | な | の | で | 下 | の | 方 | の | 枝 | ま | で | 日 | 光 | を | 届 | か | せ | る |
> | た | め | で | あ | る | 。 | | | | | | | | | | | | | | |
>
> ①→「一部」でも可。
> ②→説明不足。「計算で尖がった形状のため」が抜けている。
> ③→説明不足。「枝間にすき間があるため風の抵抗が少ないために強風に耐えることができる」とするとよい。
> ④→「上部が細く葉の面積が小さいために下の葉も太陽の光を浴びやすい」というように「形状」に関する記述があれば、なおわかりやすい要約となる。
>
> ●その2　評価：C　字数：90字
>
> | ク | リ | ス | マ | ス | ツ | リ | ー | に | 使 | わ | れ | る | モ | ミ | の | 木 | 等 | の | エ |
> |---|---|---|---|---|---|---|---|---|---|---|---|---|---|---|---|---|---|---|---|
> | バ | ー | グ | リ | ー | ン | は | 、 | 積 | も | っ | た | 雪 | に | よ | っ | て | 枝 | が | 折 |
> | れ | し | 折 | ら | れ | る | の | を | 防 | ぎ | 、 | 枝 | が | 淡 | い | な | が | ら | も | 強 | 風 |
> | に | 耐 | え | 、 | 高 | 緯 | 度 | 地 | 域 | で | 弱 | い | 日 | 光 | を | よ | り | 多 | く | 吸 |
> | 収 | し | て | 光 | 合 | 成 | を | す | る | 。 | | | | | | | | | | |
>
> ①→削除。この下線部は不要。
> ②→「常緑樹」とすべき。できるだけ日本語に訳そう。
> ③→「根が浅いながらも」は書かなくてもよいが、強風に耐えられる理由として「枝間にすき間があり風の抵抗が少ないので」ということを書いて欲しい。
> ④→「形状」に関する記述がない。生徒要約例その1の④を参照。

訳例

1

¶1 自然の中でトウヒ，マツ，モミのような特定の種類の常緑樹を見ると，電飾や色とりどりの飾りつけが施された姿を思わず想像するものだ。これら全てのクリスマスツリーを纏うように近くなっている下部から，量や天使が付けられる細い頂上に至るまで，常緑樹はほとんどの人に対し「クリスマス」と呼びかけているにすぎない。一歩下がってこうした木を幾何学的な観点から見ると，これらがある三角に似ていることに気づくかもしれない。手作りのカードに描かれる全てのクリスマスツリーと同様に，多くの常緑樹の市は，下が幅広く上部が尖った三角形である。本物の木の木その三角形を様々な角度から見てみると，それがピラミッド型をしていることがわかるだろう！ ピラミッド型の常緑樹と今までに目にしてきた他の多くの樹木を比べると，それがいかに独特な形をしているのかが感じ取れる。では，他のほとんどの木がそのような独特なピラミッド型をしていないのに，一部の常緑樹がなぜそのような形をしているのだろうか。

- □ evergreen tree「常緑樹」　□ can't help but (V)「思わず(V)する」
- □ geometrically「幾何学的に」
- □ three-sided shape「三角形」　※ side は「辺」の意味。
- □ get a sense of A「Aを感じ取る」

¶2 専門家たちは特定の常緑樹が作り出すその独特なピラミッド型は，進化によるものであると考えている。こうした常緑樹の多くは針葉樹として一般に知られており，冬が長く雪の多い地域に自生する。こうした雪の多い地域では，伝統的な網形や最上部が円形であればほぼ生き延びるのに苦労するだろう。上部の枝は重くて湿った雪が積もして折れてしまい，その木に損傷を与え，枯れさせてしまうことになるかもしれない。一方で，常緑樹は最上部が尖っているおかげで重量が積もりにくい。

- □ collectively「集合的に，まとめて，一般的に」　□ oval「楕円の」
- □ heavy, wet snow「重くて湿った雪」　※形容詞がコンマでつながれている。
- □ collect「集まる，積もる」　※自動詞。
- □ that help ... tops を先行詞とする関係代名詞。

¶3 常緑樹は，根が伸びる範囲が狭いという傾向もある。このため風の被害を受けやすくなってしまう。しかし，ピラミッド型のおかげで風に対する抵抗が減り，風が吹いて立ったままでいやすくなるのである。葉が広く計算であるということによってだけでなく，枝と枝の間の間隔によっても葉の紙抵は減りやすい。

- □ susceptible「影響を受けやすい」　□ upright「まっすぐ立った」

¶4 §3の理由でピラミッド型常緑樹のある特定な分布が，重要な役割を果たしている。赤道から

北へ遠ざかれば遠ざかるほど，太陽の光が地球に差す角度が低くなる。常緑樹は，光合成のために一年中日光に依存している。ピラミッド型であれば上部の枝が下の枝に影を落とさないので，全ての枝がより多くの日光を浴びることができるのである。

- □ geography「分布，地形」　□ play a role「役割を果たす」
- □ The 比較級 ～, the 比較級 ...「～すればするほど，その分だけ...」
- □ equator「赤道」　□ photosynthesis「光合成」
- □ shade ...「圖「...を陰にする」

ポイント解説

主語的性生物ではない文の場合，直訳すると意味がわかりにくいので，主語を「原因」と捉えるとわかりやすくなることが多いです。今回の文章で見られた例で考えてみましょう。

¶3❸ Being shaped like a pyramid ... reduces their wind resistance, ...
[原因]　　　　　　　　　　　　　　　　[結果]
ピラミッド型　であれば　風に対する抵抗が減る

¶4❹ Their pyramidal shape allows all their branches to receive more sunlight ...
[原因]　　　　　　　　　　　　　　　[結果]
ピラミッド型　であれば　全ての枝がより多くの日光を浴びる

自然界の驚異

数学の数列で登場するフィボナッチ数列は，前の2項を足したものが次の数になるという数列です。1, 1, 2, 3, 5, 8, 13, 21, 34, 55, 89, ... で，数列の隣り合った数字の比をとって並べ（2つめの並んだ数字で次の数字から次の数字を割る）これを計算して数で表示すると，1, 2, 1.5, 1.66 ..., 1.6, 1.625, 1.6153 ..., となります。これは，σにいくほど黄金比に近づいていくことがわかります。ひまわりの種の並びにはフィボナッチ数列が隠れています。ひまわりの種をよく見ると，その中心から時計回りと反時計回りの2種類の螺旋ができていることがわかります。そして時計回りと反時計回りの線の数は絶対に，
・時計回りが21本，反時計回りが34本
・時計回りが34本，反時計回りが55本
・時計回りが55本，反時計回りが89本
という3種類しかなく，全てフィボナッチ数列の一部になっており，その比は黄金比に近づいていきます。これは同じ円の中に最も多くの種をかける配置ということです。自然は美しいですね！

10　　11

■段落メモと要旨・要約を書くためのポイント■
上部に各段落の内容を簡潔にまとめたメモ，下部の青色で囲った部分に重要なポイントをまとめました。
¶：段落を表します。
❶：青色の丸数字は文番号を表します。

■模範要約例・解説■
模範解答例の下には解説があります。自分が書いた文と見比べて，どこが合っているのか，どこが間違っているのか確認してみましょう。

■英文要約■
本文を英文で要約した例文も掲載しています。ネイティヴがチェックをしたので自然な英語を使った英文になっています。英問英答の問題が出る可能性もあるので是非チャレンジしてみましょう！

■生徒要約例■
実際に生徒が書いた答案例を載せました。皆さんが間違えやすいところや，抜けやすい事項を実例から学ぶことができます。また，それぞれの答案例に評価を付けています。「このぐらいの出来栄えでこのぐらいの評価をもらえるのか」という基準にしてみてください。
※評価については次頁を参照してください。

■全訳■
本文の全訳です。段落ごと，もしくはわかりやすい意味ごとで区切っています。
青色の囲み部分は重要語句，文法事項です。派生語や文構造を掲載しているところもありますので，訳文と一緒に確認しましょう。

■コラム■
本文に関係のあることや，ポイントが書かれています。中には日常生活に活かせるヒントもあるかも？！　勉強の合間に是非読んでくださいね！

One! two! three! four!

凡　例

■評価について■

A～A−・・・・　本文の趣旨をよく捉え必要事項を網羅した答案。少し不十分な場合は **A−** とした。ハンコは「よくできました」

B+～B−・・・　本文の趣旨の方向性は捉えているが，書かなければいけない要素が抜けていたり，改善の余地がある答案。ハンコは「あともう一歩です」

C+～C−・・・　本文の趣旨の方向性を捉えていない，あるいは必要事項が複数抜けていたり，日本語に不備がある答案。ハンコは「要努力」

■難易度■

　生徒の実際の答案の出来・不出来により評価しており，英文そのものの難易度によるものではない。

★☆☆☆☆・・・　満点の答案が続出した。

★★☆☆☆・・・　満点の答案が少なくはなかった。

★★★☆☆・・・　満点の答案が散見された。

★★★★☆・・・　満点の答案が非常に少なかった。

★★★★★・・・　満点の答案が皆無に近かった。

■マス目の使い方■

書き出し・・・・　1マス目を空ける必要はない。字数制限があるので，マス目を無駄にしないように気をつけよう。

字数・・・・・・　指定されている字数を守ることはもちろん，約8割以上書くのが望ましい。

数字・・・・・　算用数字の場合は1マスに2字入れる。

濁点・半濁音・・　濁点・半濁音を含む文字は，濁点・半濁音を含めて1文字扱いとする。例えば，「が」は1文字扱いとする。

句読点・・・・・　1文字扱いとする。

かぎ括弧・・・・　始めの括弧と終わりの括弧をそれぞれ1文字扱いとする。

■記号一覧■

S	主語	V p.p.	動詞の過去分詞
V	動詞	(V)ing	動名詞あるいは現在分詞
O	目的語	(V)	原形不定詞
C	補語	動	動詞
副	副詞	形	形容詞
前	前置詞		

目　次

Let's start!!

1 「ピラミッド型の常緑樹の形状」

難易度：★☆☆☆☆

段落メモと要約を書くためのポイント

¶1 一部の常緑樹がピラミッド型であるのはなぜか。

¶2 ピラミッド型：豪雪地帯で雪が枝に積もるのを防ぐ

¶3 ピラミッド型：風の抵抗を受けにくい

¶4 ピラミッド型：上部が細く影になる面積が狭いため下の葉も日光を浴びやすい

> ¶1の❼の疑問文は「問題提起」。筆者は答えを持っており，それが本文に書かれる。この文章の要約では，問題提起とその答えをまとめるとよい。
> 　終始「ピラミッド型」の謎を説明する文章なので，望まれる全体の書き方は「常緑樹にはピラミッド型をしたものがある。（その理由は）…である」や，「一部の常緑樹がピラミッド型である理由は，…ということである」などである。

模範要約例

[99字]

> 常緑樹にはピラミッド型をしたものがある。針葉で先が尖った形状のため雪が木に積もりにくく，枝間にすき間があるため風の抵抗を緩和し，上部が細く影の面積が小さいために下の葉も太陽の光を浴びやすいのである。

解説　常緑樹の形状に関する文章なので，一貫して「～（という形の）ために…」という説明をすべきである。¶4の「下の葉が太陽の光を浴びやすい」ことに対する理由が抜けている答案が多い。「上部が細く影の面積が小さいため」という一言を足してほしい。

　比較的情報量が多いので，まず必要な情報をすべて書いたあと情報は削らないで文字数を削ること。たとえば生徒要約例その1の「雪が積もって枝が折れないようにする（17字）」は，「雪が木に積もりにくくする（12字）」にできる。いかに文字数を削り情報をつめこむかが勝負だ。

8

英文要約　　　　　　　　　　　　　　　　　　　　　　[56 words]

Some types of evergreen trees are pyramid-shaped. These evergreens' pointed tops make it difficult for snow to build up there, and having thin needles instead of leaves and spaces between branches reduces their wind-resistance and helps them stay upright. Their pyramidal shape, with its small upper part, also allows all the branches to receive sunlight equally.

生徒要約例

●その1　評価：**B −**　字数：86字 ──────────

モ	ミ	な	ど	の	常	緑	樹	が	ピ	ラ	ミ	ッ	ド	型	を	し	て	い	る
の	は	,	雪	が	積	も	っ	て	枝	が	折	れ	な	い	よ	う	に	す	る
た	め	と	強	風	に	耐	え	る	た	め	,	そ	し	て	一	年	中	日	光
が	必	要	な	の	で	下	の	方	の	枝	ま	で	日	光	を	届	か	せ	る
た	め	で	あ	る	。														

① ⇒「一部の」でも可。

② ⇒ 説明不足。「針葉で先が尖った形状のため」が抜けている。

③ ⇒ 説明不足。「枝間にすき間があるため風の抵抗が少ないために強風に耐えることができる」とするとよい。

④ ⇒「上部が細く影になる面積が狭いために下の葉も太陽の光を浴びやすい」というように「形状」に関する記述があれば，なおわかりやすい要約となる。

●その2　評価：**C**　字数：90字 ──────────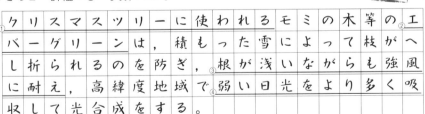

ク	リ	ス	マ	ス	ツ	リ	ー	に	使	わ	れ	る	モ	ミ	の	木	等	の	エ
バ	ー	グ	リ	ー	ン	は	,	積	も	っ	た	雪	に	よ	っ	て	枝	が	へ
し	折	ら	れ	る	の	を	防	ぎ	,	根	が	浅	い	な	が	ら	も	強	風
に	耐	え	,	高	緯	度	地	域	で	弱	い	日	光	を	よ	り	多	く	吸
収	し	て	光	合	成	を	す	る	。										

① ⇒ 削除。この下線部は不要。

② ⇒「常緑樹」とすべき。できるだけ日本語に訳そう。

③ ⇒「根が浅いながらも」は書かなくてもよいが，強風に耐えられる理由として「枝間にすき間があり風の抵抗が少ないので」ということを書いて欲しい。

④ ⇒「形状」に関する記述がない。生徒要約例その1の④を参照。

¶1　自然の中でトウヒ，マツ，モミのような特定の種類の常緑樹を見ると，電飾や色とりどりの飾りつけが施された姿を思わず想像するものだ。これら全てのクリスマスプレゼントを覆うように広くなっている下部から，星や天使が付けられる細い頂に至るまで，常緑樹はほとんどの人に対し「クリスマス！」と呼びかけているにすぎない。一歩下がってこうした木を幾何学的な観点から見てみると，これらがある三角形に似ていることに気づくかもしれない。手作りのカードに描かれる全てのクリスマスツリーと同様に，多くの常緑樹の形は，下が幅広く上部が尖った三角形である。本物の木のその三角形を様々な角度から見てみると，それがピラミッド型をしていることがわかるだろう！　ピラミッド型の常緑樹と今までに目にしてきた他の多くの樹木を比べると，それがいかに独特な形をしているのかが感じ取れる。では，他のほとんどの木がそのような独特なピラミッド型をしていないのに，一部の常緑樹がなぜそのような形をしているのだろうか。

- ☐ evergreen tree「常緑樹」　　　☐ can't help but (V)「思わず(V)する」
- ☐ geometrically「幾何学的に」
- ☐ three-sided shape「三角形」　※ side は「辺」の意味。
- ☐ get a sense of A「Aを感じ取る」

¶2　専門家たちは特定の常緑樹が作り出すその独特なピラミッド型は，途方もない年月をかけて進化した適応によるものであると考えている。こうした常緑樹の多くは針葉樹として一般に知られており，冬が長く雪の多い地域に自生する。こうした雪の多い地域では，伝統的な卵形や最上部が円形であれば木は生き延びるのに苦労するだろう。上部の枝は重くて湿った雪が堆積して折れてしまい，その木に損傷を与え，枯れさせてしまうことになるかもしれない。一方で，常緑樹は最上部が尖っているおかげで豪雪が降っても枝に雪が積もりにくい。

- ☐ collectively「集合的に，まとめて，一般的に」　　☐ oval「卵形の」
- ☐ heavy, wet snow「重くて湿った雪」　※形容詞がコンマでつなげられている。
- ☐ collect「集まる，積もる」　※自動詞。
- ☐ that help ... tops を先行詞とする関係代名詞節。

¶3　常緑樹には，根が伸びる範囲が狭いという傾向もある。このため強風の被害を受けやすくなってしまう。しかし，ピラミッド型のおかげで風に対する抵抗が減り，暴風が吹いてもまっすぐ立ったままでいやすくなるのである。葉が広葉ではなく針葉であるということによってだけでなく，枝と枝の間の隙間によっても風の抵抗は減らされる。

- ☐ susceptible「影響を受けやすい」　　☐ upright「まっすぐ立った」

¶4　別の理由でピラミッド型常緑樹のある特定の分布が，重要な役割を果たしている。赤道から

北へ遠ざかれば遠ざかるほど，太陽の光が地球に差す角度が低くなる。常緑樹は，光合成の為に一年中日光に依存している。ピラミッド型であれば上部の枝が下の枝に影を落とさないので，全ての枝がより多くの日光を浴びることができるのである。

- geography「分布，地形」
- play a role「役割を果たす」
- The 比較級 ～ , the 比較級 …「～すればするほど，その分だけ…」
- equator「赤道」
- photosynthesis「光合成」
- shade … 動「…を陰にする」

ポイント解説

　主語が生き物ではない文の場合，直訳すると意味がわかりにくいので，主語を「原因」と捉えるとわかりやすくなることが多いです。今回の文章で見られた例で考えてみましょう。

¶3 ❸ Being shaped like a pyramid … reduces their wind resistance, …
[原因]　　　　　　　　　　　　　[結果]
ピラミッド型　のおかげで　⟶　風に対する抵抗が減る

¶4 ❹ Their pyramidal shape allows all their branches to receive more sunlight , …
[原因]　　　　　　　　　　　　　[結果]
ピラミッド型　であれば　⟶　全ての枝がより多くの日光を浴びる

自然界の驚異

　数学の数列で登場するフィボナッチ数列は，前の2項を足したものが次の項になるという数列です。1, 1, 2, 3, 5, 8, 13, 21, 34, 55, 89, …で，数列の隣り合った数字の比をとって並べ（2つの並んだ数字で右の数字から左の数字を割り）これを計算して小数で表示すると，1, 2, 1.5, 1.66 …, 1.6, 1.625, 1.6153…,…となります。これは，右にいくほど黄金比に近づいていることがわかります。ひまわりの種の並びにはフィボナッチ数列が隠れています。ひまわりの種をよく見ると，その中心から時計回りと反時計回りの2種類の螺旋が出ていることがわかります。そして時計回りと反時計回りの線の数は絶対に，

- 時計回りが21本，反時計回りが34本
- 時計回りが34本，反時計回りが55本
- 時計回りが55本，反時計回りが89本

という3種類しかなく，全てフィボナッチ数列の一部になっており，その比は黄金比に近づいていきます。これは同じ円の中に最も多くの種をおける配置ということです。自然は美しいですね！

2

「画家の素材選び」

難易度：★☆☆☆☆

❶〜❺ 素人の画家は構図を考える必要がない見た目に美しい風景を選ぶが，プロの画家はそうではない。

❻〜❽ プロの画家は自らの技量を試すため，あえて平凡な風景を選び，そこに隠された美を見出そうとする。

❶に「素人の画家が好む風景は，プロの画家には避けられる」とあることから，素人を引き合いに出して，プロの題材選びについて述べられた文章であるとわかる。

随所に見られる素人の画家とプロの画家の違いを理解しながら読み進めよう。以下はそれをまとめたもの。

	素人の画家	プロの画家
好む素材	元から美しい風景	平凡でつまらない風景
理由	構図を考える必要がないから	自らの技量を試すことができるから（＝隠された美を見出す）

模範要約例

[80字]

プ	ロ	の	画	家	は	構	図	を	考	え	る	余	地	が	な	い	ほ	ど	美
し	い	素	人	好	み	の	風	景	を	避	け	て	，	あ	え	て	平	凡	な
風	景	を	選	ぶ	。	そ	こ	か	ら	自	ら	の	技	量	を	発	揮	し	て
，	隠	さ	れ	た	美	を	見	出	そ	う	と	す	る	か	ら	で	あ	る	。

解説 ❹，❺を除いて全て主節の内容はプロの画家に関することであり，文章の主役はプロの画家で，素人の画家は単に引き合いに出されているだけだということを見抜こう。このことは，❻の however に注目してもわかる。「逆接」の言葉に続くのは筆者が言いたいことで，それまでは「譲歩」の内容であることに注意すること。また，プロの画家が平凡な風景を好む理由は自らの技量を試すことができるからということだが，この理由が書かれていない答案が目立つ。

Professional painters choose plain scenery rather than landscapes that are naturally so beautiful that they do not need to think about composition, because they want to use their skills to show the beauty that is hidden there.

生徒要約例

●その1　評価：**B－**　字数：76字 -

素	人	と	プ	ロ	の	画	家	の	違	い	は	画	題	選	び	に	あ	る	。
前	者	は	構	成	を	必	要	と	し	な	い	，		見	た	目	に	美	し	い
景	色	を	選	ぶ	が	，		後	者	は	平	凡	な	景	色	を	選	び	，	そ
こ	に	隠	さ	れ	た	美	を	見	出	そ	う	と	す	る	。					

① ⇒ 文章の主役はプロの画家なので素人とプロを対等に扱うのはまずい。下線①のあとの構成も「前者は…。後者は〜。」をやめ、「…と違いプロの画家は〜」のようにすること。

② ⇒「プロの画家は自らの技量を試すため（に平凡な風景を選ぶ）」という内容が抜けている。

●その2　評価：**C**　字数：75字 -

今	も	昔	も	有	名	な	画	家	は	，		美	し	い	と	言	わ	れ	る	対
象	を	ほ	と	ん	ど	写	生	し	な	い	。	美	し	い	景	色	を	写	生	
す	る	の	は	，		素	人	に	は	適	切	の	よ	う	だ	が	，		プ	ロ	は
自	然	か	ら	独	自	の	芸	術	を	創	り	た	い	。						

① ⇒「プロの」とする。

② ⇒ 素人が美しい風景を写生する理由が述べられていない。「構図を考える必要がない」という内容を加えよう。

③ ⇒ このように「自然から独自の芸術を創る」などという，わかりにくい内容で終わるのではなく「自らの技量を披露するため，あえて平凡な風景を選び，そこに隠された美を見出そうとする」などを加えて，具体的にわかりやすく説明する答案を作ろう。

❶素人の画家が画題として最も魅力的だと思う景色は，本職のプロの画家がまず選ばないような景色であるということは意味深いことである。❷過去，現在を問わず，偉大な風景画家で，自然のままでも劇的であったり美しかったりする題材を選んだ人はごく稀である。❸自然のまま美しいか，もしそうでないとしても人の目に魅力的に映る風景には，目の前に見える通り忠実に写す以外に，画家にできることはほとんど残されていない。❹こうしたことは，素人の画家にとっては，とても有り難いことである。なぜなら，描く絵の構図を自分で決め，自然の風景の細部を自分で配列しなおすという必要がないからだ。❺風景の方が，自分に代わって，構図をすでに決めてくれているというわけだ。❻しかし，プロの画家は，こうしたことは望まない。❼彼らは，素人であれば平凡だとか面白味に欠けるとかいった理由で退けるような風景の方を好む。❽プロがこの種の風景を好むのは，それが画家としての技量を試すやりがいのある素材を提供してくれるからである。そして，そうした技量とは，美が目につきにくい所に美を捉え，自然の様々な要素が雑然としている所に秩序を生み出すこと，一言で言えば，自然から芸術を作ることなのである。

- [ ] scenery = the natural features of a particular part of a country that you can see, such as mountains, forests, deserts, etc. つまり「(自然の) 景色」。
- [ ] the amateur painter「素人の画家」 ※「総称を示す the」。
- [ ] most attractive「極めて魅力的である」 ※「絶対最上級」と呼ばれるもの。日本語にする場合「一番魅力的」でも可。後に出てくる most often も同じ。
- [ ] a subject for painting「画題」
- [ ] naturally beautiful or otherwise attractive to the human eye「自然のままで美しい，あるいは，もし自然のままでは美しくなくても，人間の目には魅力的な」 ※この otherwise は「それ以外の点で」と訳すことも可。
- [ ] leave A with B「AにBを残す」（→次ページのコラム参照）
- [ ] little to do except (V)「(V) 以外にやることがほとんどない」
- [ ] rearranging ... は compose ... を具体化，補足する分詞構文。
- [ ] challenge ... to one's skill「技術に対して挑んでくるもの」※ここでは「やりがいのある素材」と訳している。
- [ ] see beauty where it (= beauty) is not easy to see「美が目につきにくい所に美を捉える」

2

❽の文構造

　コロンの後に his skills as a painter の内容を具体化した記述が続く。

his skills as a painter:　to see beauty ...

to create order ...

‖ in short（言い換えると）

to make art from nature

ＳＶＯ＋ with ... の形式について

　Vに「与える」関連の動詞が置かれている場合，ＳＶＯ＋副詞句と考えるのではなく
ＳＶＯＣと考えた方がわかりやすいように思われる。

　[例] We must provide our children with a good education.

　　　「私たちは子どもたちに優れた教育を施さなければならない」

<u>We</u> must <u>provide</u> <u>our children</u> <u>with a good education</u>.
　S　　　　V　　　　　O　　　　　　　C

　ＯＣの関係は Our children are with a good education.「私たちの子どもたちは優
れた教育を持っている」となる。つまり「私たちは子どもたちに施さねばならない」＋「（そ
の結果）子どもたちが優れた教育を持っている」ということなのである。

　ここに属する動詞は多いが，一例を挙げておく。

1. leave A with B「AにBを残す」　　　2. supply A with B「AにBを供給する」
3. present A with B「AにBを贈呈する」4. equip A with B「AにBを備え付ける」
5. arm A with B「AにBで武装させる」　6. furnish A with B「AにBを備え付ける」
7. endow A with B「AにBを授ける」　　8. invest A with B「AにBを付与する」

3 「象と秒はどちらが大きいか」

難易度：★★☆☆☆

段落メモと要約を書くためのポイント

¶1　象と秒はどちらが大きいかという質問をしてみる。

¶2　たいていの人は象の方が大きいと答える。

¶3　たいていの人が「象」と答えたのは，異種の物同士の比較は，本能的にそれぞれの同種の物の平均値と関連づけるからである。

> 以下の「問題提起」と，その「答え」となる説明をまとめる。
> ¶1❷　1頭の象と1秒は，どちらが大きいと思うか［問題提起］
> ¶2❸　たいていの人が象の方を選んだ［答え］
> ¶3❶　たいていの人が象の方を選んだのはなぜだろうか［問題提起］
> ¶3❹　異種の物同士の比較は，本能的に同種の物の平均値と関連づけるから［答え］

模範要約例

[89字]

た	い	て	い	の	人	は	1	頭	の	象	と	1	秒	で	は	象	の	方	が
大	き	い	と	答	え	る	。	こ	れ	は	異	種	の	物	同	士	を	比	較
す	る	際	に	は	，	本	能	的	に	そ	れ	ぞ	れ	の	同	種	の	中	で
の	平	均	的	と	思	わ	れ	る	物	と	比	べ	て	大	小	を	判	断	し
て	い	る	た	め	で	あ	る	。											

解説　主張は最終文だけで事足りるが，「要約せよ」という指示なので，具体例（象と秒の比較）も含めるべきである。中にはその具体例だけを挙げて，主張のように書いた答案もあったが，それはいけない。また，前提となる「異種の物同士を比較する際には」という内容が抜けてしまっている人が多いが，それでは主張が曖昧になりまずい。

Most people would say that an elephant is "bigger" than a second. This is because when comparing things of different kinds such as, in this case, an animal and a unit of time, we do so by relating them to average-size objects of the same kind.

生徒要約例

●その1　評価：**B**　字数：72字 - - - - - - - - - - - - - - - - -

動	物	の	象	と	時	間	の	秒	と	,		ど	ち	ら	が	大	き	い	か	尋
ね	る	と	,	①た	い	て	い	の	人	は	そ	れ	を	同	じ	種	の	平	均	
的	大	き	さ	と	関	係	づ	け	る	こ	と	で	対	象	を	本	能	的	に	
比	較	す	る	の	で	,	象	を	選	ぶ	。									

①⇒ この書き方では主張がわかりにくい。「…象を選ぶ。これは異種の物を比較する際に，それ
　　ぞれの同種の物の平均的な大きさと思われる物と比べて本能的に大小を判断するためであ
　　る」とするなら可。

●その2　評価：**B−**　字数：89字 - - - - - - - - - - - - - - - - - - -

①概	念	の	違	う	2	つ	の	物	を	比	較	す	る	時	,	人	は	②各	々
の	事	柄	の	平	均	と	関	連	づ	け	て	違	う	①概	念	同	士	を	比
較	す	る	。	動	物	の	中	で	③最	も	大	き	い	象	と	時	間	単	位
の	中	で	③最	も	小	さ	い	1	秒	を	比	べ	る	と	象	が	大	き	い
と	感	じ	る	人	が	多	い	。											

★⇒ 全体的には，抽象的な内容を具体的にうまく説明できている。

①⇒ 1行目の下線部は「種類の」，2行目の下線部は「種類の物」とすべき。自分の考えに合わ
　　せて内容を変えるのはダメ。

②⇒ このままでは意味がわからない。「本能的に同種の中で平均的な大きさと思われる物」とし
　　て，どこか他の部分をカットして制限字数内に収める。

③⇒ 削除。「最も」とは書かれていない。

訳　例

¶1　何年か前のこと，アメリカへの旅の途中で，私は暇つぶしに，乗り合わせた人々にいくつかのかなり変わった質問をして答えてもらった。最初の質問は，「象と秒（a second）では，どちらが大きいと思うか」というものだった。私が言いたいのは，「時間の1秒（a second）」のことで，「2番目の（second）象」ではないことを説明してから，私は，象の大きさに等しいと人々が考える時間の長さの単位はどのようなものであるかを調べようとした。

- □ pass the time「暇つぶしをする」
- □ sort of length of time「時間の長さのタイプ」　※「秒」「分」「時」「日」「月」「年」などのこと。

¶2　1人の乗客は物理学者だった。彼は，1秒というのは，その時間に光が移動する距離に等しいはずであり，もちろん，それは象よりはるかに大きいと言い張った。しかし，他の乗客の大部分が象の方を選んだ。ただ，象に匹敵する時間の長さはどれだけかということになると，ずいぶんと意見の差はあった。

- □ physicist「物理学者」　※ chemist「化学者」，scientist「科学者」と一緒に覚えれば physician「医者《米語》」と区別できる。
- □ vote for ...「…に賛成の票を入れる」
- □ compare with ...「…に匹敵する」

¶3　大半の人が，1頭の象の方が1秒より大きいにちがいないと感じるのはなぜだろうか。その理由はおそらく，象は私たちが知る大半の動物より大きいと考え，秒の方は，我々が関わる時間の長さの大部分より短いことにあるのであろう。私たちの発言の真意は，1頭の象は動物としては大きいが，1秒は時間としては小さいということなのだ。つまり，私たちは，異種の物の比較にあたっては，それを同種の物の大きさの平均値と直感的に関連づけて考えるのである。

- □ most people would「たいていの人が…だろう」　※「実際に世界の大半の人々に，そのような質問をすることは不可能だが，もし質問をしたら…だろう」という仮定の気持ちを表すために would が使われている。
- □ presumably「おそらく」
- □ an elephant is large for an animal の for は「…の割には」の意味。
  [類例] He looks young for his age.「彼は年齢の割には若く見える」
- □ small as time goes「時間が関わる範囲では小さい」
  [類例] He is a sensible person as the world goes.
  　　　「彼は世間並みに言って（←世間が関わる範囲では）良識のある人だ」
- □ instinctively「本能的に」

- ☐ unlike object「種類の違う物」 ※ unlike は通例，前置詞として「…と違って」という意味で用いられるが，本文の unlike は形容詞で「似ていない」という意味であることに注意。
- ☐ relate A to B「AをBに関連づける」
- ☐ kin「親族」 ※ king「王（←親族の長）」，kingdom「王国（←王の土地）」，kind「親切な（←同族の人はいい人）」などが同義語。

主張と具体例の識別

　日本人は，具体例を列挙するだけで「主張」とすることがあります。たとえば「日本人は喜怒哀楽を顔に出さない」という日本語は一般論ですが，「喜怒哀楽」は，感情の一部に過ぎません。英語では Japanese people hardly ever express their emotions. となります。同様に「風邪を引かないように気をつけなさい」というのも，「風邪」が病気全般を示していると考えられます。Take care not to catch a cold. とすると，英米人には「なぜ風邪だけなのか？」という奇妙な感じを与えます。英語では Take care of yourself. となります。このような日本語の傾向を理解しておけば，要約文を書く際に「具体例だけ書いて終わり」というミスを減らすことができます。

4

「古代の動物観の名残」

難易度：★★☆☆☆

段落メモと要旨を書くためのポイント

❶～❷ 大昔は人間と動物とは違うという概念はほとんどなかった。

❸～❹ 昔の物語では，人間と動物の結婚などもあり得ない話ではなかった。

❺～❻ 動物を下に見る考えは現代になって生まれたものであり，昔，動物は人間と同等かそれ以上の知的存在でさえあった。

❼～❽ おとぎ話や動物に関する迷信は，その当時の名残りと言えるかもしれない。

> ❶～❻までは，「昔の人間と動物の関係」を中心に述べられている。❹と❺では現代の動物観にも触れられているが，あくまで焦点は「昔の人間と動物の関係」に当てられている。❼，❽は共に「おとぎ話と動物に関する迷信はその当時の名残り」だということについて述べている。よって，以下の２点をわかりやすくまとめよう。骨子は「昔，動物は人間と対等もしくは，それ以上の知恵をもった存在と見なされていて」＋「こうしたことの名残りが現代のおとぎ話や迷信に見られる」ということ。

模範要約例

[99字]

> 「下等動物」という概念の誕生は近年のことであり，昔，動物は人間と同様に霊力を持ち，対等かそれ以上に知恵をもつ存在と考えられていた。この過去の考えの名残りは，今に語り継がれるおとぎ話や迷信に見られる。

解説 主張は「昔，動物は人間と対等，もしくはそれ以上の知恵をもった存在と見なされていた」ということ。その根拠として筆者が述べているのが，動物を人間と同等に扱うおとぎ話や迷信である。よって，「こうしたことの名残りが現代のおとぎ話や迷信に見られる」というのは必要である。「『下等動物』という考えが生まれたのは近年のことである」は，下等動物は英文では " " がついているので，要旨でも「 」をつけて，特別な意味をもっていることを示唆した方がよい。

In the distant past, animals were considerd to be equal to or more intelligent than humans, and the notion of "lower animals" is a modern one. This primitive idea of animals remains in our fairy-tales and superstitions.

生徒要約例

●その1　評価：**A −**　字数：95字 - - - - - - - - - - - - - - - - - - -

古	代	,		人	間	の	祖	先	は	人	間	と	動	物	に	差	は	な	い	と
思	っ	て	い	た	。	「	下	等	動	物	」	と	い	う		概	念	は	近	代
的	な	も	の	で	あ	り	,		動	物	の	方	が	知	的	で	あ	る	と	さ
え	思	っ	て	い	た	。	動	物	に	つ	い	て	の	迷	信	は	彼	ら	の	
思	っ	て	き	た	賢	さ	に	基	づ	い	て	い	る	。						

① ⇒「おとぎ話や動物についての迷信」とすべき。

② ⇒ 名残りというニュアンスが欲しい。「動物が持っていたとされる賢さの名残りである」などとすべき。

●その2　評価：**C**　字数：84字 - - - - - - - - - - - - - - - - - -

我	々	の	祖	先	は	動	物	と	人	間	に	大	き	な	違	い	は	な	く
動	物	は	特	別	な	授	か	り	物	を	持	ち	自	身	の	習	慣	に	従
っ	た	人	間	よ	り	も	知	能	の	高	い	も	の	と	み	な	し	て	い
た	。	一	方	,	現	代	人	は	動	物	を	下	の	も	の	と	み	な	し
て	い	る	。																

★ ⇒ 全体的に，要点がつかめていない印象を受ける答案例。「おとぎ話／迷信」というテーマが入っていない点と，「現代のおとぎ話や迷信に昔の考え方が見られる」と書かれていない点がまずい。

① ⇒「才能」とすべき。gift の誤訳かと思われる。gift には「（神からの贈り物→）天賦の才能」という意味がある。

② ⇒ この答案のように現代人の考え方を述べることで要旨を終えると，全体のテーマが過去と現代の対比であるかのような印象を受けてしまう。

❶我々の遠い先祖は人間と動物という創造物の間に違いがあるという概念はほとんど持っていなかった。❷彼らは，命を持っているものは全て霊魂によって生かされていると考えていたのであり，霊魂を包んでいる身体はほとんど重要ではなかったのである。

- ☐ have little conception of ... 「…という概念をほとんど持っていない，…をほとんど考えていない」
- ☐ animate ... 「…に命を与える」
- ☐ the enclosing body 「まとっている身体」
- ☐ make little difference 「ほとんど重要ではない」

❸自分たちの部族は獣や鳥の子孫だという話も，そうした祖先にとってはあり得ないことではなかった。おとぎ話に出てくる女性が，熊や蛇と結婚したとしても，特にあり得ないことをしているとはならなかった。❹(人類の)知識の進歩に相まって，そうした動物の姿をした夫は，魔法にかけられていただけで，ついには本当の姿を取り戻すということになった。しかし，これは後になって後世の考え方に合うように加えられた修正なのである。

- ☐ primitive man 「原始人」 ※本文では our early ancestors の言い換え。
- ☐ fairy-tale 「おとぎ話」
- ☐ enchant ... 「…を魔法にかける」 ※ chan(t) / can(t) は「歌う」の意味で，enchant は「歌うように呪文を唱えて魔法にかける」というのが原義。canzone「カンツォーネ」，chanson「シャンソン」，accent「訛り」などが同義語。
- ☐ modification 「修正」

❺「下等動物」という概念は，人間とこの世界に住む他の生き物との間の本質的な違いが少しずつ認識されるようになっていった結果に基づく現代的な考えである。❻初期の人類は生き物を特別な才能を授けられて，それ独自の法則に従うものであると捉えていた。多くの場合，彼らにとって，そうした生き物は，知性で自分たちに劣らないどころか勝っているように思えたのである。

- ☐ inhabitant of ... 「…に住むもの」
- ☐ be endowed with ... 「…が備わっている」 (→P.15 のコラム参照)

❼現代のおとぎ話には，人助けをする動物や，人間の言葉を話す鳥や，賢い爬虫類が出てくるが，これは動物達が人間と同等で，時には人の目には見えない神々の使いや僕であった時代が化石となって残ったものなのである。❽だから今日，鳥や動物達に関する非常に多くの迷信は，それらが一般的に言って劣っているのではなく，知恵，狡猾さまたは神秘的な力を持っているという想定に基づいているものだと考えてよいのかもしれない。

- Our fairy-tales「私たちのおとぎ話」 ※ここでは「現代のおとぎ話」と意訳している。
- reptile「爬虫類」
- fossilized remains「化石」 ※ fossilized「化石化した」, remains「遺跡, 遺物」という意味。
- a great many ...「かなり多くの…」
- supposed 形「…とされている」
- cunning「狡猾さ」
- in the scheme of things「物事の枠組みにおいて」 ※ここでは「一般的に言って」と訳している。

名詞構文について

　動詞あるいは形容詞の名詞形を用いて，文を簡潔に表現した形を名詞構文と呼ぶ。

《他動詞＋目的語》を名詞構文にすると，《他動詞の名詞形＋ of ＋目的語》という形になる。

[例1] destory the city 　　　　→ the destruction of the city「その都市の破壊」

[例2] perceive the difference → the perception of the difference「その違いの認識」

このような名詞構文を見たら，一度もとの動詞に戻して考えるとわかりやすいことが多い。

本文では

　　little conception of ... 　　　← little conceive ...「…をほとんど考えない」

　　the gradual recognition of ... ← gradually recoginize ...「…を徐々に認識する」

5

「文明の進歩は速いのか遅いのか」

難易度：★★☆☆☆

❶　人類が自然を征服し工業化社会に至った速さに驚嘆すべきか，あるいは原始人が豊かなレベルに至った遅さを嘆くべきか，議論の余地がある。

❷〜❸　人類の工業化への成長（第2の飛躍）は18世紀末にようやく始まった。しかし，人類が定住社会に至った知的飛躍を成し遂げた理性を持つ動物として発展した（第1の飛躍）のは新石器時代のことだ。

❺　知的飛躍を可能にしたのは計画や時間の意識だ。

❼　第2の飛躍を18世紀末まで待たねばならなかったのはなぜか。

❽　加速的進歩の過程は，わずか百年前ではなく，数千年前に始まっていてもよかったのではないか。

> ❶は whether A or B で問題提起の文。その内容は「発展の速さに驚嘆すべきか，遅さを嘆くべきか」ということで，これが文章全体のテーマ。
> ❽の「たえず加速する進歩の過程は，わずか百年前ではなく，数千年前に始まっていてもよかったのではなかろうか」は，第2の飛躍が第1の飛躍から時間がかかりすぎているという筆者の嘆きである。

模範要約例　　　　　　　　　　　　　　　　　　　　　　　[96字]

人	間	が	計	画	や	時	間	の	意	識	を	持	ち	定	住	生	活	を	営
む	ま	で	の	進	歩	は	新	石	器	時	代	に	始	ま	っ	た	の	に	，
工	業	化	に	よ	っ	て	自	然	を	征	服	し	生	活	を	さ	ら	に	豊
か	に	す	る	と	い	う	次	の	飛	躍	を	18	世	紀	末	ま	で	待	た
ね	ば	な	ら	な	か	っ	た	の	は	一	体	な	ぜ	か	。				

解説　2つの飛躍の内容を以下のように整理してまとめられた答案を高く評価した。

	第1の飛躍	第2の飛躍
時期	新石器時代	18世紀末
内容	定住化	工業化

The development of settled societies, which involved the concept of planning and a sense of time, took place in the New Stone Age; but the next great "take-off," human mastery of the environment, based on industrial development, did not take place until the end of the eighteenth century, which seems too long a period to have waited.

5

生徒要約例

●その1　評価：**A−**　字数：92字 -

新	石	器	時	代	の	時	点	で	計	画	の	概	念	や	時	間	感	覚	と
い	っ	た	こ	れ	ま	で	の	何	よ	り	も	難	し	い	こ	と	が	①発	明
さ	れ	て	い	る	こ	と	を	考	え	る	と	，	18	世	紀	に	厳	し	い
環	境	を	攻	略	し	工	業	化	さ	れ	た	世	界	に	な	る	ま	で	に
時	間	が	か	か	り	す	ぎ	て	い	る	。								

① ⇒ 全体的な方向性は合っているが，もう少し詳細を加えるとよい。特に第1の飛躍の結果が
　　書かれていないのが減点要因。「克服されて定住生活を営むようになった」とすべき。

●その2　評価：**C**　字数：82字 -

人	類	の	環	境	を	攻	略	し	文	明	化	さ	れ	た	現	在	の	世	界
を	創	っ	た	速	さ	と	原	始	人	の	低	い	地	位	を	引	き	上	げ
た	遅	さ	は	議	論	を	呼	ぶ	が	，	最	初	に	定	ま	っ	た	社	会
を	創	っ	た	の	は	原	始	人	で	彼	ら	は	知	的	な	飛	躍	を	経
た	。																		

★ ⇒ 主張がわかっていないと，このような大きく方向性のズレた要旨になってしまい，得点は
　　難しい。2つの飛躍についてそれぞれの内容をまとめるとわかりやすい要旨になる。

★ ⇒ 本文中の❼の「第2の飛躍が始まるのが遅すぎる」という筆者の意見も盛り込むべき。

❶人類が，敵対する自然環境を征服し，それによって我々が現在生活している工業化社会を創りあげた速さに驚嘆すべきか，それとも逆に，原始人があのような低いレベルの所から比較的豊かなレベルにまで自らを高めていった際の狂おしいほどの遅さに絶望すべきか，ということについては議論の余地のあるところだ。

- ☐ a matter of argument 「議論されている問題」
- ☐ wonder at ... 「…に驚嘆する」
- ☐ the speed with which S V 「S V の速度」
- ☐ alternatively 「それとも逆に」
- ☐ despair at ... 「…に絶望する」
- ☐ agonizing 「イライラするような」
- ☐ one of comparative plenty ＝ a position of comparative plenty

❶の文構造

It is a matter of argument whether we should
形式上の主語

wonder at the speed with which human-kind has
{ mastered ...
  and so
  created ...,

or, alternatively,

despair at the almost agonizing slowness with which ...

❷自立的な工業の成長への「離陸」が成し遂げられたのは，18 世紀末のことであった。❸しかし，人類（ホモサピエンス）が理性を持つ動物として手にした自己の生物的資質を初めて活用するようになった，定住社会に至った最初の離陸が行われたのは，遠く新石器時代にまで遡るのである。❹その時になって初めて鍵となるいくつかの発見がなされた，というよりむしろ広く使われるようになった。そうした発見とは，作物の栽培法，動物を集めて育て活用する方法，道具の使用法，自然に対し防御だけにとどまらず攻撃する方法，そして特に，集団の総力をまとめる方法などであった。

- ☐ take-off 「離陸」 ※本文では「始まり」という意味。
- ☐ towards ... 「…に近い頃に」
- ☐ exploit ... 「…を（とことん）利用する」
- ☐ as long ago as ... 「遠く…の時に」
- ☐ herd ... 「…を集める」 ※名詞では「（ウシ，ゾウ，シカなどの）群れ」の意味。
- ☐ herd, breed and exploit animals において animals は herd, breed, exploit の共通の目的語。
- ☐ collective power 「集団の持つ力」

❹の文構造

It was then <u>that</u> the key discoveries {
 were made,
 or rather
 came into widespread use
}
強調構文

❺これらの巨大な知的飛躍を可能にしたのは，計画という発想や時間意識の発達だが，この飛躍の難しさをしのぐようなことは，以来今日まで行われていないのである。❻だからこそ驚嘆が生じるのである。❼しかしまた，石器時代の人間が環境という牢獄を，いくつものこれらと関連したところで破り，その勝利を十分に活用するまでにかくも長時間を要したのは一体なぜなのかと我々は問わざるを得ないのである。❽たえず加速する進歩の過程は，わずか百年前ではなく，数千年前に始まっていてもよかったのではなかろうか。

- ☐ intellectual leaps「知的飛躍」
- ☐ A involve B「AにはBが必要である」
- ☐ since 副「それ以来」
- ☐ hence「それゆえ」 ※しばしば，後ろに文ではなく名詞が置かれる。
- ☐ be bound to (V)「必ず(V)する」
- ☐ why it was that ... は疑問詞の強調構文。強調構文で疑問詞を強調する場合，It is 疑問詞 that ... の語順ではなく，疑問詞 is it that ... ? の語順になる。さらに，それが文中に入った場合は，疑問詞 it is that ... の語順になる。
- ☐ a number of ...「いくつもの…」 ※意外と多いことを示唆。

疑問詞＋ is it that 〜？の形の強調構文

次のような形の語句整序でも出題されたことがあります。

下に与えられた語を正しい語順に並び替え，下線部を埋めるのに最も適切な表現を完成させよ。

"＿＿＿＿＿＿＿＿＿＿＿＿＿＿＿＿＿＿＿＿＿stratocumulus?"

about is it layer of pleasing so that's this what

[2019 年東京大学]

[解答] What is it that's so pleasing about this layer of (stratocumulus)?
「層積雲のこの層がこれほどまでに魅力的なのは一体どうしてか」

6

「偏見を取り除く方法」

難易度：★★☆☆☆

段落メモと要約を書くためのポイント

¶1　人は偏見から，不合理な考え方をする（自分が信じたことを正しいとする根拠を探す）。

¶2　偏見を取り除くことはできる。

¶3　自分が誤るということを認識すべき。

¶4　自分が信じていることに対する反論を想像すべき。

> ¶2で「偏見を取り除くことはできる」と述べられており，このあとにその
> 2つの方法が示されている。¶3冒頭の"The first step"，¶4冒頭の"Another
> trick"に注目し，1つ目の方法が¶3で，2つ目の方法が¶4で述べられてい
> ることを見抜き，それぞれをコンパクトにまとめよう。

模範要約例　　　　　　　　　　　　　　　　　　　　　　　　　　[99字]

人	は	自	分	が	信	じ	た	こ	と	に	対	し	て	は	，		そ	れ	が	正
し	い	と	す	る	根	拠	だ	け	を	探	そ	う	と	し	て	し	ま	う	。	
こ	れ	を	克	服	す	る	に	は	自	分	が	誤	り	を	免	れ	る	こ	と	
は	で	き	な	い	と	認	識	す	る	か	，		自	分	が	信	じ	て	い	る
こ	と	に	対	す	る	反	論	を	想	像	し	て	み	る	と	よ	い	。		

解説　要旨要約問題では，本文の抽象的な表現はそのまま使わず，それが言い換えられた部分を探してできるだけわかりやすく書く努力をしよう。本問では¶1❶の Irrational thinking「不合理な思考」では抽象的でわかりにくいので，それを具体的に説明した部分を探し（ここでは¶1❸）「自分が信じたことを正しいとする根拠を探す」とわかりやすく説明しよう。

28

When we believe that something is true, we end up just searching for proof that we are right. In order to overcome this tendency, we should admit that we can easily be mistaken or imagine arguments opposed to our belief.

6

生徒要約例

●その1　評価：**A−**　字数：99字 ‐‐‐‐‐‐‐‐‐‐‐‐‐‐‐‐‐‐‐‐‐‐‐‐‐‐

思	考	に	は	感	情	の	バ	イ	ア	ス	が	か	か	り	情	報	を	自	説
を	補	強	す	る	形	で	取	捨	選	択	す	る	傾	向	が	あ	る	が	，
こ	れ	を	認	識	し	瑕	疵	と	向	き	合	う	か	，		自	分	の	意	見
を	反	対	の	立	場	か	ら	考	え	る	思	考	習	慣	を	身	に	付	け
る	こ	と	で	矯	正	が	可	能	だ	と	す	る	人	々	も	い	る	。	

①⇒「バイアス」などのようなカタカナ語はできるだけ避けよう。「偏見があり」とすべき。

②⇒「自らの瑕疵（かし）」とすべきである。

●その2　評価：**C**　字数：90字 ‐‐‐‐‐‐‐‐‐‐‐‐‐‐‐‐‐‐‐‐‐‐‐

人	は	先	入	観	や	主	観	を	持	っ	て	考	え	る	傾	向	が	あ	る
。	や	る	気	を	保	ち	つ	つ	，	間	違	う	こ	と	を	恐	れ	ず	，
自	分	と	同	じ	考	え	を	持	つ	人	を	知	り	，	反	対	意	見	に
目	を	向	け	る	こ	と	に	よ	っ	て	，	そ	う	し	た	傾	向	を	取
り	除	く	こ	と	が	で	き	る	。										

①⇒ ここの書き方が不十分な答案が多い。「自説を補強しない情報に目を向けない」とすべき。

②⇒ motivated reasoning は「動機づけられた推論」の意。誤訳かな？

③⇒ accept your fallibility を正確に理解し「自分が誤りやすいということを認識するか」とすべき。「間違うことを恐れるな」とは本文では述べられていない。

④⇒ 不要。

⑤⇒ ここも不十分な解答が多い。正しくは，「（反対意見・反論）に目を向ける」ではなく「…を想像する」である。「目を向ける」とするとすでに反対意見があることになる。

¶1　不合理な思考は，誰もが経験する認知上の偏見から生じるものである。カリフォルニア州アーヴァインのカリフォルニア大学で判断と意思決定を研究する心理学者であるピーター・ディットーは，「人々は科学者のように考えるのではなく，弁護士のように考える。信じたい考えから離れず，その後その意見を支持するものであればどんなものでもできる限り集めるのです」と言う。動機づけられた推論，つまりすでに存在する信念体系を支持するために事実をフィルターにかけるという傾向は，私たちが情報を処理する標準的な方法であるとディットーは言う。「私たちが何かについて考える場合，必ずといっていいほど，頭の中に何らかの好みを持ち，何かしらのものを求めるある程度の感情的傾向がある。それで正常なのです」

- ☐ irrational「不合理な」
- ☐ stem from ...「…から生じる」（≒ come from ... / arise from ...）
- ☐ cognitive「認知の」　※ recognize などの cogni- は「認識する」という意味。
- ☐ bias「偏見」　　　　　　　　　　☐ strike ...「…の心に思い浮かぶ」
- ☐ recruit ...「…を採用する」　　　☐ psychologist「心理学者」
- ☐ motivated reasoning「動機づけられた推論」
- ☐ filter ...「…を濾過する，…をフィルターにかける」
- ☐ pre-existing「すでに存在する」　※ pre- は「時間的に前」というイメージ。
- ☐ process information「情報を処理する」
- ☐ preference「好み」（prefer 動「…を好む」）
- ☐ inclination to (V)「(V)したいという気持ち」　※ in + cline は「中に＋傾く」で「気持ちが中に傾く」という意味。リクライニングシートの recline は「後ろに＋傾く」という意味。cf. be inclined to (V)「(V)したい気分である」
- ☐ norm「標準」（normal 形「普通の」）

¶2　私たちの思考を脇道へそらしてしまう，このような心の中に存在する偏見に打ち勝つことはできるのだろうか。応用合理性センター（CFAR）はそうすることができると考えている。この非営利団体はカリフォルニア州のバークレーに拠点を構え，勉強会やセミナーを開き，人々が偏見を打ち破る思考回路を身につける手助けをすることを目的としている。

- ☐ overcome ...「…を克服する」　　☐ internal「内部の」
- ☐ sidetrack ...「…を脱線させる」　☐ workshop「勉強会」
- ☐ seminar「セミナー，研究会」　　☐ be aimed at ...「…を目的とする」
- ☐ break through ...「…を切り抜ける」

¶3　CFAR の代表であり共同設立者であるジュリア・ギャレフは，偏見に打ち勝つための第一歩は，自分は間違いを免れることはできないということを認識し受け入れることであると言う。彼女は「間違っていたと気づくと，自分自身に対して悪い感情を持つものです」と言う。しか

し, もし自らを罰すれば, 真実を探し出す阻害要因を作り出してしまう。ギャレフは「私たちは, 人々に, 自分が信じていることの中で何かおかしな点に気づくか, 他の誰かが述べていることに何らかの根拠があることがわかった時には喜ぶように仕向けようとします」と述べている。

- ☐ co-founder「共同設立者」
- ☐ disincentive「阻害要因」
- ☐ congratulate oneself「喜ぶ」
- ☐ flaw「欠点」

¶4　ギャレフがお勧めするもう1つの策は裏返してみること, つまり, 自分の信念を違った角度から見るというものである。自らに「私が間違っているとしたら, どんな理由があるだろう?」と問うのである。この作戦によって人は自分の注意を反証に向けざるを得なくなるが, 自分の考えを裏付ける理由を並べ上げることしかしなければ, そうした反証を見逃してしまいたいという気になってしまうかもしれない。「この件に関して自分が間違っているとすればどのように映るだろう?」,「この反論に矛盾しない証拠は何かないのか?」,「自分自身と同じ政党, 社会グループの人がこの反論を進めていた場合, それを信じてみようと思うだろうか?」というように考えてみるのである。こうした問題に対する答えは自分の見解の盤石さを判断するのに役に立ち, それを考え直すべき時なのかどうかを判断する助けとなりうると, ギャレフは述べている。

- ☐ trick「技, 奇術」
- ☐ overlook ...「…を見過ごす」
- ☐ what it would look like for you to be wrong on this issue は what S is like「S はどのように見えるか」の S が形式主語の it になった形。it が指す真の主語は (for you) to be ... である。would look は仮定法過去の時制。
- ☐ compatible「矛盾しない」
- ☐ political party「政党」

主観と客観について

　何かを主張するためには, それを裏付ける客観的なエビデンスが必要です。学生たちのエッセーを読むと, そのエビデンスがない, あるいは主観的なねつ造になっていることが多々あります。「私が中学生の頃, …」などの個人の体験などは絶対にエビデンスなどにはなりません。客観的なエビデンスを明示する訓練をしておけば大学に入ってから役立つでしょう。

「生物の複雑な構造ができる過程」

難易度：★★☆☆☆

段落メモと要約を書くためのポイント

¶1　進化論について「段階的な生物の進化（＝ダーウィンの進化論）では複雑な構造を作り出せない」という反論を予想。

¶2　人間の眼（＝複雑なもの）が単純なものから進化したとは考えにくい。

¶3　ダーウィンの説では有利な変異が選択されてゆき，複雑な構造が生まれる。

¶4　ダーウィンに異論を唱える人たちの2つの説。
　(1)選択されなくても生物にはもともと複雑化する傾向がある。
　(2)突然変異の副作用として複雑化が生じる。

> 　生物の複雑な構造が作り出される方法について，<u>ダーウィンと最近の科学者と哲学者の意見（2つある）</u>が異なっている。¶4❶ But recently some scientists and philosophers have suggested that ... 「しかし最近になって，一部の科学者や哲学者が，…と提唱している」という内容から，両者の対立を読み取ろう。双方の意見を「（Xについて）Aは〜と考えているが，Bは〜と考えている」というようにまとめるとよい。

模範要約例

[100字]

ダ	ー	ウ	ィ	ン	は	生	物	の	体	の	複	雑	な	構	造	は	進	化	上
有	利	な	変	異	が	選	択	さ	れ	た	結	果	で	あ	る	と	し	た	が
，	最	近	で	は	生	物	の	複	雑	化	の	傾	向	は	生	来	の	も	の
で	あ	る	，	ま	た	は	突	然	変	異	の	結	果	偶	然	に	生	じ	る
も	の	で	あ	る	と	考	え	る	科	学	者	，	哲	学	者	も	い	る	。

解説　答案例の多くはダーウィンの論については触れているが，最近の科学者と哲学者の説について触れていない。また，ダーウィンは生物の身体構造の複雑化は自然の選択により有利な変異が「選択された結果」と考えたが，最近の科学者や哲学者は「選択されなくても生じる」と考えている。この点が両者の最大の違いなので，それが明確になるようにまとめよう。

Darwin said that the complex structure of the bodies of living things evolved through the process of natural selection, but recently some scientists and philosophers have suggested that life has a built-in tendency to become more complex. Some scientists and philosophers think that complexitiy can arise by chance, unaided by natural selection, through random mutations alone.

7

生徒要約例

● その1　評価：**A**　字数：99字 - - - - - - - - - - - - - - - - -

ダ	ー	ウ	ィ	ン	は	進	化	に	よ	っ	て	複	雑	な	身	体	構	造	が
生	み	出	さ	れ	る	理	由	を	,		繁	殖	や	生	存	に	有	利	な	機
能	が	選	択	さ	れ	る	か	ら	だ	と	考	え	た	が	,		最	近	そ	れ
を	生	物	に	埋	め	込	ま	れ	た	傾	向	だ	と	す	る	説	や	突	然
変	異	①	の	副	産	物	と	す	る	説	が	提	唱	さ	れ	て	い	る	。

① ⇒「による偶然の」とするとなおよい。そうすると字数オーバーだが,「生物に埋め込まれた傾向」を「生来の傾向」などとすると字数内に収まる。「科学者や哲学者」が抜けているが特に問題はない。

● その2　評価：**C**　字数：96字 - - - - - - - - - - - - - - - - -

ダ	ー	ウ	ィ	ン	は	目	の	よ	う	な	複	雑	な	構	造	は	多	様	な
性	質	が	一	般	化	し	,		複	雑	に	な	っ	た	結	果	で	あ	る	と
主	張	し	た	。	し	か	し	最	近	,		複	雑	さ	は	自	然	淘	汰	に
よ	る	微	調	整	の	結	果	に	よ	る	も	の	だ	け	で	は	な	い	と
い	う	主	張	が	な	さ	れ	る	よ	う	に	な	っ	た	。

① ⇒ この具体例はなくても可。

② ⇒ ダーウィンは, 複雑化は「選択の結果」と考えた。「選択」という言葉を含めよう。例えば「進化上有利な変異が選択された結果」とするとよい。

③ ⇒ 最近の科学者や哲学者の説について, もう少しわかりやすく, 詳しく述べてほしい。複雑化には「生来の傾向」,「突然変異の副作用」という2つの説があることを要約文に含めよう。

¶1　チャールズ・ダーウィンが進化論の基本的な考えを思いついた時，まだ 30 歳にもなっていなかった。しかし，自説を世間に公表したのは 50 歳になってからのことであった。彼はその 20 年の間に，自説を裏付ける証拠を系統的に集め，思いつくかぎりのあらゆる懐疑的な反論に対する答えを考えておいた。そして，その中で最も予想していた反論は，自らが予想した段階的な進化の過程では，ある種の複雑な構造が作り出されないというものであった。

- ☐ the theory of evolution「進化論」　※『種の起源』(1859) で確立された。
- ☐ it wasn't until S' V' that S V「S V したのは S' V' の時だった」　※強調構文。
- ☐ present one's argument to ...「自らの主張を…に発表する」
- ☐ methodically compile ...「(資料など) …を系統的に集める」
- ☐ come up with ...「…を思いつく」
- ☐ skeptical「懐疑的な」　※語源は spect「見る」から。「下からじろっと見る」感じ。
- ☐ counterargument「反論」
- ☐ anticipate ...「…を予想する」　※予想＋対策を示唆する単語。
- ☐ envision ...「…を想像する」　※ en- は動詞化を示す接頭辞。

¶2　人間の眼を考えてみるとよい。眼は網膜，水晶体，筋肉，硝子体など多くの部分で構成されており，その全てが相互作用しなければ視覚が機能しない。一か所でも損傷すれば，例えば網膜が剥離してしまえば，失明する可能性がある。実際，眼が機能するのは各部分が適切な大きさと形をしていて相互に補完し合うことではじめて可能になる。ダーウィンが正しいとすると，複雑な眼が単純な先駆物質から進化したということになる。『種の起源』においてダーウィン自身，この考えについて「自由に自白させていただくならば，極めて馬鹿げているように思われる」と述べている。

- ☐ ... must interact for sight to occur「視覚が生じるためには…が相互作用しなければならない」が直訳。
- ☐ Damage one part ... and S V「一か所損傷すれば S V する」　※命令文＋and S V「～すれば S V」の形。
- ☐ of the right size and shape「適切な大きさと形を有する」　※ of ...「…を持っている」
- ☐ precursor「先駆者，(生物・化学用語) 先駆物質」　※ pre-「前に」＋cursor「走るもの (←カーソル)」
- ☐ absurd「馬鹿げた」　※奇抜，非論争的という意味で「馬鹿げている」という意味。

¶3　それでも，ダーウィンは進化の過程を経て複雑になる道筋を見出すことができた。どの世代においても個体はその特徴に多様性が見られた。ある程度多様であるが為，生存率を高め，より多くの子孫を残すことが可能になった。数世代経て，そのような利点を持つ変異がより一般的なものになった，つまり一言で述べれば「選択」されたのであろう。新しい変異が誕生し，広がるにつれて，そのために生体構造に徐々に変化が加えられ，複雑な構造が生み出されることが可能になったのだ。

- [ ] a path to ... 「…までの道筋」
- [ ] the evolution of complexity 「進化の過程を経て複雑になること」　※「複雑さの進化」が直訳。
- [ ] trait 「特徴」
- [ ] offspring 「子孫」　※ children は主に「人間の子ども」に対して使われる語。
- [ ] anatomy 「(生物の) 構造」　※普通は「解剖学」の意味で使われる。-tom- 「切る」。
- [ ] producing ... 「そして…を作る」　※文末に置かれた分詞構文は主文の補足。

¶4　しかし最近になって，一部の科学者や哲学者が，複雑さが別の道筋から生じる可能性があると提唱している。生物は時が経つにつれ，より複雑になる傾向が体内に組み込まれていると主張する者もいれば，無作為に突然変異が生じれば，たとえ自然選択による助けがなくても，複雑さが副次的に生じると主張する者もいる。彼らが言うところによれば，複雑さは，純粋に，自然選択 ── リチャード・ドーキンスが「盲目の時計職人」と呼んだことで知られている過程 ── による数百万年にわたる微調整がもたらす結果ではない。それはある程度は偶然によって生じるものだということなのである。

- [ ] built-in 「内蔵された」
- [ ] random mutation 「無作為の突然変異」
- [ ] a side effect 「副次的作用，副作用」
- [ ] help ... along 「…が進んでいく手助けをする」　※ go along の go の脱落。
- [ ] fine-tuning 「微調整」
- [ ] the process は，fine-tuning と同格の関係になっている。
- [ ] dub O C 「OをCと呼ぶ」
- [ ] the blind watchmaker 「盲目の時計職人」　※「手元が全く見えないのでどのような結果を生み出すか見当がつかない」ことの例え。

anatomy「解剖学，解剖学的構造」について

　atom「原子」は，元は a-(否定を表す) + tom「分割する」ですから，「これ以上には分割することができないもの」だったわけです。現在では原子より小さいクオークとかレプトンなどが見つかっていますが，atom の語が生まれた時代では atom が最小だったことがわかります。custom は，cu-「(con- の変形) すっかり」+ -s-「(= sue) 追い求める」+ tom「分割する」です。「客の追い求めるものにそうように切りそろえたもの」が原義。毎回，毎回，同じように切りそろえることから「習慣」の意味が出てきました。tailor「仕立屋」は「切る人」が原義です。

8

「時代と共に福祉は充実したのか」

難易度：★★★☆☆

段落メモと要旨を書くためのポイント

¶1 時代と共に福祉が充実してきたというのは本当ではないかもしれない。

¶2 イラクのシャニダール洞窟で男性の遺骨が発見されたが，当時としては高齢で身体に障がいを持っていることが判明した。

¶3 原始の過酷な条件でこうした障がいを持つ者が長生きしたということは，個人に対する配慮が充実していたことを示唆する。

¶4 このような配慮があったからこそ，その後の人類の偉業を可能にした団結と協力の精神が芽生えたと言える。こうしたことを考慮して，現代社会が原始社会で行われていた努力に匹敵することを行っているのか考えてみるのは賢明であろう。

> 書くべきポイントは
> (1)洞窟遺跡から障がいを持つ高齢者の遺骨が見つかったこと
> (2)個人への配慮が充実していたことがうかがえる
> (3)団結と協力が後の人類の偉業を可能にした
> (4)現代社会が原始社会に匹敵するだけの努力をしているかは疑問だ

模範要約例

[119字]

洞	窟	遺	跡	で	腕	に	障	が	い	を	持	つ	高	齢	の	男	性	の	遺
骨	が	発	見	さ	れ	た	が	，	こ	れ	は	個	人	に	対	す	る	社	会
の	配	慮	が	充	実	し	て	い	た	こ	と	を	示	し	，	こ	う	し	た
団	結	と	協	力	が	後	の	人	類	の	偉	業	を	可	能	に	し	た	。
現	代	社	会	が	原	始	社	会	の	努	力	に	匹	敵	す	る	こ	と	を
行	っ	て	い	る	の	か	考	え	る	の	は	賢	明	で	あ	ろ	う	。	

解説 ¶2～¶3を「洞窟遺跡で腕に障がいを持つ高齢の男性の遺骨が発見されたが，これは個人に対する社会の配慮が充実していたことを示唆する」とし，最後の¶4は「こうした団結と協力が後の人類の偉業を可能にした。現代社会が原始社会の努力に匹敵することを行っているのか考えるのは賢明であろう」とし，これを制限字数内に収める。

英文要約 [41 words]

Even Neanderthal societies may have cared greatly for handicapped people, showing a concern for the individual and sense of unity and cooperation which may have been essential to later human achievements. Modern people should probably try to treat handicapped people better.

生徒要約例

●その1　評価：**B−**　字数：119字

歴	史	を	振	り	返	る	と	現	代	社	会	の	障	が	い	者	に	対	す
る	対	応	は	決	し	て	十	分	な	も	の	と	は	言	え	な	い	。	4
万	年	前	の	障	が	い	者	ら	し	き	人	骨	を	見	て	も	，	い	か
に	周	囲	の	助	け	が	手	厚	い	も	の	で	あ	っ	た	か	が	わ	か
る	。	こ	う	し	た	歴	史	を	省	み	て	，		現	代	人	は	障	が
者	へ	の	社	会	の	対	応	を	今	一	度	考	え	る	べ	き	だ	。	

★ ⇒ ポイントの(3)「団結と協力が後の人類の偉業を可能にした」が抜けている。

① ⇒「高齢の」が必要。

② ⇒ 第1文と重複しているので削除。

③ ⇒「社会の対応が古代人に匹敵するものかを」とすべき。

●その2　評価：**C**　字数：120字

4	万	年	以	上	前	の	男	性	の	骨	を	研	究	す	る	と	右	腕	の
発	達	は	不	十	分	で	肘	よ	り	下	は	な	く	，		歯	の	状	態	も
他	人	と	違	っ	た	。	大	昔	の	社	会	は	ハ	ン	デ	ィ	を	持	つ
人	に	優	し	く	，	こ	の	男	性	へ	の	援	助	は	現	代	社	会	で
は	見	ら	れ	な	い	。	以	前	の	社	会	の	援	助	と	同	等	で	あ
る	な	ら	，		現	代	社	会	の	援	助	を	誇	り	す	ぎ	て	い	る	。

★ ⇒ ポイントの(3)「団結と協力が後の人類の偉業を可能にした」が抜けている。

① ⇒「高齢であること」が抜けている。字数が限られているので，こんなに細かく書く必要はない。

② ⇒ 英文の読み間違い。

¶1　現在，議論の的になっているのは，障がい者にどれだけの援助とサービスを快く提供しているかということである。社会は時代と共に福祉を充実させてきたと考えている人が多い。しかし，時代を遡って見てみると，これは正しいとは言えないかもしれない。有史以前の文化の遺物を検証すれば，よい例を見つけることができる。

- ☐ provide ... for A「Aに…を提供する」
- ☐ caring「面倒見のよい」　※ care の形容詞形。
- ☐ over the ages「時代と共に」　※ the ages で「これまでの時代」
- ☐ prove to be ...「…と判明する」
- ☐ remains「遺跡」　※「残っているもの」が直訳。

¶2　イラクのシャニダール洞窟でいくつかの人骨が発見された。そこは4万年以上前に存在していたネアンデルタール人の一部族の住み家であった。この人骨の1つは約40歳の男性のもので，これは当時としては高齢に属するものであった。この男性は落石によって死亡したと推定されている。この骨を綿密に調べてみると，男性の右腕が完全には発達しておらず，肘の下で切断されていることがわかった。歯の状態も他のネアンデルタール人のものとは異なっていた。歯の状態を見ると，右腕がないことの埋め合わせをするために使用されたかのように，過度に使われた痕跡があったのである。

- ☐ skeleton「骸骨」　※カタカナの「スケルトン」とは少し違うので注意。
- ☐ tribe「部族」　※「ローマの3 (=tri-) 部族」が語源。
- ☐ for that period「その時代の割には」　※ for one's age.「年の割には」などと同じ。
- ☐ bone「骨」　※発音は [bóun]。
- ☐ unlike ...「…とは異なる」　※ like ...「…に似た」の反意語。
- ☐ sign「痕跡，印」
- ☐ excessive「過度の」　※ ex-「外」＋ -cess-「進む」から。
- ☐ employ ...「…を用いる」　※「人を用いる」場合は「雇う」と訳す。
- ☐ make up for ...「…を補う」　※「…のために作り上げる」が直訳。

¶3　若い頃からそのような障がいを持つ人間がどのようにして大人になり，老年にいたるまで生き延びることができたのであろうか。そういう原始の社会は過酷な条件に直面していた。肉をとるために狩りに行ける人はごく僅かであった。障がいを持つ人は洞窟のすぐ近くにいて肉をもらう必要があったに違いない。このことは，以前に推測されていたよりも個人に対する配慮がはるかに高かったことを示しているように思われる。

- ☐ survive to (V)「生き延びて(V)になる」　※「結果の to 不定詞」。
- ☐ face ...「…に直面する」　※ be faced with ... でも使う。
- ☐ must have Vp.p.「〜したに違いない」
- ☐ keep close to ...「…の近くにいる」
- ☐ indicate ...「…を示す」　※「研究，データ」などが主語になる。
- ☐ concern for ...「…への配慮」　※「…に向かう関心」が直訳。
- ☐ previously「以前に」　※ pre- は「以前」を表す。

8

¶4　実際，この部族民に施されていた介護の程度は，現代社会では必ずしも見られるものではない。このような配慮があったからこそ，その後の人類の偉業を可能にした団結と協力の精神が芽生えたと言える。このことを念頭に考えてみると，我々は障がい者に充分な配慮をしていると言えるのであろうか。現代社会がしてきた努力に驕(おご)り高ぶるのではなく，「未開の」社会で行われていた努力に匹敵することを，はたして我々がしているのかを考えてみるのは賢明であろう。

- ☐ tribesman「部族民」　※ tribes + man
- ☐ a sense of ...「…の感覚」　※ sence と綴らないように。
- ☐ unity「統一，団結」　※ uni- は「1」を表す。
- ☐ make possible ...「…を可能にする」　※ make ... possible が基本の形。
- ☐ achievement「業績」　※「達成したもの」が直訳。
- ☐ humanity「人類（全体）」　※「人間性」と訳すことはまれ。
- ☐ it would be wise「賢明であろう」　※ 控えめな主張。
- ☐ precivilized「未開の」　※ pre- は「以前」。「未開人」とは，「ネアンデルタール人」のこと。"precivilized" と " " がついているのは，「現代人はネアンデルタール人のことを『未開の』と呼んでいるが，福祉の観点ではネアンデルタール人の方が進んでいるのだから，『未開の』と呼ぶのはおかしい」という筆者の主張の現れ。

言葉の多義性に注目しよう！

　東大はしばしば言葉の多義性に関わる問題を出すことがあります。どんな言葉でも多義性があり，ある意味どんな語でも多義語となり得ます。文脈からその単語の意味を特定する作業は，AIが苦手としていて，「学力」を問うには適したものです。本文にはhumanity が出てきています。この単語は通例では「人間（全体）」ですが，「人間性」という意味を持つこともあります。また the humanities となっていれば「人文科学」という意味です。こうした言葉の広がりに注意することが学力を伸ばす一助になります。

9 「先人の知恵に依存する文明の進歩」

難易度：★★★☆☆

段落メモと要旨を書くためのポイント

❶ 高度な文明が持つ人文科学や自然科学を，一個人や一世代で生み出すことはできない。

❷ どんな人間もどんな世代も，単独で大きな進歩は成し遂げられない。

❻ 個々の人間には文明遺産全体を形成するために投入されたような，あらゆる実験を行い全ての意味を確認する時間，機会，精力が足りないからだ。

❼〜❾ 先人の知恵から学ぶことが必要だ。

> ❷と❻の文頭の For「というのは〜だからだ」に注目すると大意をつかみやすい。❷，❻共に否定的な内容だが，「ではどうすればいいのか？」という解決策が❼〜❾で述べられる。「〜はできない。〜だからだ。よって〜すべきだ」とまとめる。

模範要約例

[97字]

高	度	な	文	明	が	持	つ	人	文	科	学	や	自	然	科	学	を	一	個
人	や	一	世	代	で	生	み	出	す	こ	と	は	で	き	な	い	。	一	か
ら	実	験	を	重	ね	全	て	を	創	造	す	る	だ	け	の	時	間	も	機
会	も	精	力	も	個	々	の	人	間	や	世	代	に	は	な	い	か	ら	だ
。	よ	っ	て	先	人	の	知	恵	か	ら	学	ぶ	べ	き	だ	。			

解説 主張を簡潔に言えば，「高度な文明が持つ人文科学や自然科学を，一個人や一世代で達成することはできないので先人の知恵から学ぶべきだ」ということ。その理由は「一から実験を重ね，それらの全てを創造するだけの時間，機会，精力が一個人や一世代にはない」ということ。この部分は「一個人や一世代が単独でできることには限度がある」ぐらいでも大丈夫であろう。この理由の部分がない答案が多く見られた。

　It is impossible for an individual or a single generation to invent the arts and sciences of a high civilization; they need the help of their ancestors, because they do not have the time, the opportunity or the energy to try all the experiments that have produced them. Therefore, we must learn from our ancestors.

生徒要約例

●その1　評価：**B＋**　字数：100字 - - - - - - - - - - - - - - - -

単	独	の	人	間	や	世	代	だ	け	で	高	度	な	文	明	の	芸	術	や
科	学	を	発	明	す	る	こ	と	は	で	き	な	い	。	十	分	な	時	間
,	機	会	,	エ	ネ	ル	ギ	ー	が	た	だ	一	人	の	人	間	に	は	与
え	ら	れ	て	い	な	い	の	で	,	我	々	は	祖	先	か	ら	学	び	,
そ	の	上	に	知	識	を	積	み	上	げ	な	け	れ	ば	な	ら	な	い	。

★⇒「それらを一から創造する」が抜けている点以外はよくできている。

①⇒「人文科学や自然科学」の間違い。

②⇒「単一の人間や世代にはない」とすべき。

●その2　評価：**B－**　字数：89字 - - - - - - - - - - - - - - - -

い	か	な	る	個	人	も	世	代	も	単	独	で	高	度	な	文	明	の	芸
術	や	科	学	を	作	り	上	げ	る	こ	と	は	で	き	な	い	。	祖	先
と	共	に	行	う	こ	と	で	知	識	を	発	達	さ	せ	る	こ	と	が	で
き	る	の	だ	。	さ	も	な	い	と	,	祖	先	が	し	た	誤	り	を	反
復	す	る	こ	と	に	な	る	。											

★⇒この答案のように「一個人や一世代には時間も機会も精力も十分にない」という内容が抜けている答案が多い。

①⇒「人文科学や自然科学」の間違い。

②⇒「祖先と共に行う」は不正確でわかりにくい。本文中の❼の「祖先と協力する」は，現実にはできないことなので比喩的な表現だと見抜こう。「祖先の知恵から学ぶことによって」とするとよい。

③⇒ここは必ず含めるべき内容ではないので削除。

❶あらゆる問題は，何にも依存せずそれ自体で，偏見を持たず何事にも囚われない頭で，つまり，その問題についてすでに知られていることを知らなくても学びうるという考えを持っているとするなら，人はいつまでも幼稚なままになってしまう。❷というのも，どんな人間であれ，またどんな世代であれ，高度な文明が持つ人文科学や自然科学を，単独で発明するだけの能力は備えていないからである。

□ the notion that S V「S Vという考え」 ※ notion と that 節が同格の関係。
□ as such「（他の要素を考えず）そのものだけで」
□ condemn O to ...「Oを…へと追いやる」
□ arts and sciences「人文科学と自然科学」
□ chronic「慢性の」
□ for ...「というのも…からだ」 ※主節に対する理由，根拠を述べるのに用いられる等位接続詞で，コンマやセミコロンの後に用いられる。この文のようにピリオドをまたいで文頭で使われることもある。
□ man「人間」 ※古い英文なので性差別を考えていない。（→P.95のコラム参照）

❸誰でも一人では，またどの世代であれ一つの世代では，どんなに鋭敏だとしてもたった一人の知性を，どんなに正確だとしても単独での観察に応用するだけで，人が必要な真実の全てを再発見すること，充分な知識を身に付けることはできない。❹あるフランスの哲学者がかつて言ったように，どの世代の人間も巨人の肩に座っている小人のようなものなのだ。❺我々が「古代人より多くのものや，より遠くのものを目にする」なら，それは「我々の物事を見る目が鋭いからでも，背が高いから」でもなく，「古代人の視力や身長を借りているからにすぎないのだ」。

□ no one, and no one generation ...「誰も一人では，またどの世代であれ一つの世代では…ない」
□ apply A to B「AをBに応用する」
□ a mere intelligence「たった一人の知性」
□ mere observation「単独での観察」 ※観察全般を言うため不可算名詞。また，mere は「単なる」が直訳であるが，文脈に合わせて「単独での」としている。
□ as S once put it「かつてSが言ったように」
□ if S be to (V)「Sが（V）する（ことになるとする）なら」
□ stature「身長」
□ their own = their own sight and stature

❸の文構造

No one,
　and　　　　　　　┐
no one generation,┘ is capable ┌ of rediscovering all the truths ...
　　　　　　　　　　　　└ of developing sufficient knowledge ┘ by ...

・A, and B, C は，and がつなぐのがAとBであり，Cが共通要素であることを明確にするためにコンマがつけられている。このコンマは「共通関係を表すコンマ」である。

・by ... 以下は，of rediscovering ... と of developing ... の両方を修飾している。

・no matter how acute (the intelligence may be) は，直前の mere intelligence を補足している。また no matter how accurate (the observation may be) は，直前の mere observation を補足している。

❻というのも，文明遺産全体を形成するために投入されたような，あらゆる実験を行い全ての意味を確認する時間も，機会も，活力も，個々の人間は持ちあわせていないからだ。❼知識を発展させる際には，人間は先人と協力する他ない。❽そうでなければ，先人が到達した所ではなく，出発地点から始めなければならなくなる。❾もしも学校のカリキュラムから過去の伝統を排除するとしたら，どの世代も，数世代にわたる先人たちの成功の恩恵を受けるのではなく，過ちを繰り返すことが不可避となるのだ。

□ discern ... 「…を（識別して）感じ取る」
□ the making of ... は，making ... の硬い表現。
□ exclude A from B 「AをBから排除する」
□ preceding generation 「前世代」

不可算名詞のイメージ

　日本語ではモノを数える場合，その形状に注目します。たとえば鉛筆や指示棒などの「長くて細いもの」の場合には「本」をつけて数え，原稿用紙のように「広がりがあり薄いもの」の場合には「枚」をつけて数えます。英語では注目するポイントが異なります。素材に注目して，「その素材が均一である」と考えた場合には「不可算名詞」とします。よってチョークは不可算名詞とみなされます。一方シャープペンシルのように複数の素材からなる場合には可算名詞とみなされます。language が不可算名詞の扱いなら「言語なんてどれも似たものだよね」というイメージですが，可算名詞の扱いなら「言語はそれぞれ異なるけどね」というイメージですね。

「ウェブ上の履歴から人の性格を読み取るコンピューター」

難易度：★★★☆☆

段落メモと要約を書くためのポイント

¶1 性格に関する情報量はウェブ上の履歴が家族や親友に勝る。

¶2 フェイスブックの「いいね！」を分析するコンピューター・モデルが作成された。

¶3 そのモデルは友人，親等より正確に性格を言い当てる。

¶4 その精度は配偶者に匹敵する。

¶5 人間同士での研究結果と新モデルの研究結果の精度はほぼ同じ。

¶6 人間以外の物が人間のことを知ることができることが示された。

¶7 将来，使用者の性格に対応する機械が誕生するかもしれない。

¶1〜5は「人間と同じくらい正確に使用者の性格を言い当てるコンピューター・モデルが作られた」とまとめられる。¶6，¶7は，「この研究を元にして，使用者の性格に対応できる機械が生まれるかもしれない」とまとめる。

模範要約例

[98字]

人	の	ウ	ェ	ブ	上	の	履	歴	か	ら	，		周	り	の	人	間	よ	り	も
正	確	に	そ	の	人	の	性	格	を	突	き	止	め	る	こ	と	が	で	き
る	コ	ン	ピ	ュ	ー	タ	ー	・	モ	デ	ル	が	作	ら	れ	た	。	こ	れ
を	元	に	し	て	将	来	，		使	用	者	の	性	格	に	合	わ	せ	て	対
応	で	き	る	機	械	が	生	ま	れ	る	か	も	し	れ	な	い	。

解説 研究の方法について全く書かれていない答案が目立った。そうした答えでは，どのようにして実験結果が得られたのか，読んでいて気になる要約文になってしまう。「ある人がソーシャルメディアのウェブ上に残した，たとえば『いいね！』などの履歴を分析した結果」では長すぎるので，「人のウェブ上の履歴から」ぐらいに簡潔にまとめておきたい。

A study has shown that a computer can predict an individual's personality better than the people around him or her by analyzing the record of the person's use of social media. In the future, computers may be able to adapt to their user's personality.

生徒要約例

●その1　評価：**A**　字数：86字 ------------------------------

人	間	の	ネ	ッ	ト	上	の	動向	を	コ	ン	ピ	ュ	ー	タ	ー	で	解
析	す	る	こ	と	で	,	②その	人	の	人	物	像	に	つ	い	て	深	く
理	解	す	る	こ	と	が	可	能	に	な	っ	た	。	将	来	,	心	を	理
解	し	,	社	交	的	能	力	を	持	っ	た	機	械	が	出	現	す	る	か
も	し	れ	な	い	。

①⇒「いいね！」を分析するので，「動向」というよりは「嗜好」とするとよい。

②⇒この書き方では主語が「人間」なのか「コンピューター」なのかよくわからない。「（～を　　コンピューターが解析することで，）コンピューターが人間の性格を理解する」とすべき。

●その2　評価：**C**　字数：96字 ------------------------------

①コ	ン	ピ	ュ	ー	タ	ー	を	使	用	し	た	調	査	に	よ	り	,	実	際
に	人	間	が	対	面	し	て	行	っ	た	調	査	と	同	等	の	結	果	が
得	ら	れ	る	こ	と	が	わ	か	っ	た	。	そ	し	て	,	②よ	り	良	い
人	間	と	コ	ン	ピ	ュ	ー	タ	ー	の	相	互	作	用	に	対	す	る	深
い	理	解	も	得	ら	れ	る	こ	と	も	わ	か	っ	た	。

①⇒「どのような調査」で「どのようなこと」がわかったのかをもっと具体的に書こう。「コン　　ピューターの使用履歴を分析し」などとすべき。また，「周りの人間よりも正確にその人の　　性格を突き止めることができる」などとすべき。

②⇒わかりにくい。「将来，人間とコンピューターがよりうまくやりとりできるようになるかも　　しれない」などとするとよい。

¶1　ある人の性格については，その人の家族や親友から得られる情報よりもその人が閲覧した
フェイスブックなどのソーシャルメディアのウェブサイト上に残した「履歴」から得られる情
報の方が多くのことを明らかにする可能性があるという証拠が，新しい研究によって示された。

- ☐ evidence that ... は，evidence と that ... が同格の関係にある。
- ☐ footprint「足跡」　※ digital footprint は carbon footprint「カーボン・フット
  プリント；(二酸化) 炭素排出量」を捩った言い方であろう。
- ☐ leave ... behind「…を残す」
- ☐ your personality「ある人の性格」　※この your は「一般論」を示す働き。

¶2　カリフォルニアのスタンフォード大学とイギリスのケンブリッジ大学の研究者たちが，「マ
イパーソナリティー」というフェイスブック用のアプリを使って性格に関する 100 個の質問
に回答した約 86,220 人が何に対して「いいね！」を残したのかという履歴を調査するコン
ピューター・モデルを作成した。

- ☐ mine ... 動「…を掘る」　※ここでは「調査する」と意訳している。
- ☐ the Facebook Likes of ... の直訳は「…のフェイスブックの『いいね！』」だが，
  ここでは説明的に「…が何に対してフェイスブックに『いいね！』という履歴を
  残したのか」と訳している。
- ☐ fill ... out / out ...「…に記入する，回答する」　　☐ app「アプリ」

¶3　彼らの研究によると，コンピューターがある人のフェイスブックの「いいね！」の履歴を
10 個分析しただけで，その人の同僚よりも正確にその人の性格を言い当てることができたと
いう。70 個の「いいね！」から分析すると，友人やルームメイトよりも正確に，そして 150
個の「いいね！」から測定すると親やきょうだいよりも正確に，その人の性格を言い当てるこ
とができた。

- ☐ co-worker「同僚」　※ co- は「共 (に)」の意。
- ☐ gauge ...「…を測定する」
- ☐ sibling「(男女の別なく) きょうだい」

¶4　十分な量の「いいね！」を分析したために，心理的特性を正確に突き止めるということに関
しては，コンピューター・モデルと同じくらい正確なのは配偶者だけであるということが，そ
の研究によって明らかにされた。コンピューター・モデルが配偶者に匹敵するくらい正確に性
格を言い当てるには，少なくとも 300 個の「いいね！」が必要であった。

- ☐ make a forecast「予測する」
- ☐ spouse「配偶者」

¶5　研究チームは，彼らの新しいシステムが性格を言い当てるまさにその精度を知るために，その新たなコンピューター・モデルによって出された分析結果と，家族と友人だけを使って性格を言い当てさせたいくつもの過去の心理学の研究の結果を比べてみた。彼らは，新しいコンピューター・モデルが人間同士での研究における平均値に近い結果を残すことができることを突き止めた。

> ☐ compare A to B「AをBと比べる」　※A = the results of findings ...,　B = a number of past psychological studies

¶6　このイギリス・アメリカの合同研究チームは，彼らの発見はコンピューターが単なる科学的データの分析だけで個人の性質を明らかにできることを示す「感情移入の証」であると述べており，また彼らの調査が，コンピューターのような人間以外の装置が予想以上に人間について知ることができると示すことによって「重要な道標」を残したと述べている。また彼らの研究によって，人間とコンピューターがよりうまくやりとりできるようになるためのある程度のヒントが示されると述べている。

10

> ☐ describe O as C「OをCだと述べる」　※Describing ... analysis までが分詞構文。訳文では，主語 the British / American collaboration を補って訳していることに注意。
> ☐ empathic「感情移入の」（empathy 图「感情移入」）
> ☐ collaboration「共同」　※co- は「共（に）」，labor は「労働」。
> ☐ milestone「道標」
> ☐ how は「状況」を示す働きをする。訳出しないことが多い。
> ☐ than had been expected は，than it has been expected that ... can get to us well から下線部分が省かれた形になっている。
> ☐ some insight into ...「…に対するある程度の洞察」
> ☐ interaction「相互作用，（言葉の）やりとり」

¶7　この研究の主な著者であるケンブリッジ大学の心理測定学センターのウー・ヨウヨウは大学で行われた報道機関への発表の中で，「将来，コンピューターが私たちの心理的特性を読み取ってそれに対応できるようになり，その結果，情緒の面でも優秀で社交性のある機械が誕生するかもしれない」と述べている。

> ☐ infer A (from B)「（Bから）Aを推測する」
> ☐ press release「報道発表」

11 「第一次産業革命がもたらした変化」

難易度：★★★☆☆

¶1　第一次産業革命に伴い，農耕社会が産業社会に変わり，社会規範なども変わった。

¶2　ゲマインシャフト（農村内での，規範が明文化されず，緊密で私的な人間関係を特徴とする社会）と，ゲゼルシャフト（都市型産業社会での明文化された規則によって定められた人間味のない社会）の区別が作り出された。

¶3　不定形の規範や価値観は合理的で明文化された法や規則に取って代わられるものだ。

> 　社会の変化に伴い，社会規範や人間関係にも変化が生じたという話。「変化」について書く場合は「Xが原因でAがBに変化した」とまとめるとわかりやすい。ここでは「第一次産業革命が原因で，農耕社会が産業社会に変化した」ということ。また，それに伴って「ゲマインシャフトがゲゼルシャフトに変化した」のである。ゲマインシャフトなどという専門用語を使って要約するとわかりにくいので，模範要約例のように，その内容を説明しよう。

模範要約例

[54字]

第	一	次	産	業	革	命	に	よ	る	農	耕	社	会	か	ら	産	業	社	会
へ	の	変	化	に	伴	い	，		人	間	関	係	は	希	薄	化	し	，	規	則
は	明	文	化	さ	れ	る	よ	う	に	な	っ	た	。						

解説　「AがBに変化した」のAとBは同種のことを書くべき。例えば，

　　〇　親密な人間関係によって成立する社会が，人間味のない社会になった

　　×　親密な人間関係が，明文化された規制社会になった

ということ。この点で不自然な日本語の答案が目立った。また，産業社会に変化したことに伴い，「人間関係が親密なものではなくなった」，「規則が明文化されるようになった」という２つの変化をまとめよう。

The Industrial Revolution brought about a transformation from agricultural to industrial societies. As human relationships became weaker, society's norms and values were increasingly based on formal regulations.

生徒要約例

●その1　評価：**A −**　字数：52字 -

村	社	会	で	は	相	互	の	親	密	な	関	係	に	基	づ	く	相	互	扶
助	が	あ	っ	た	が	，		産	業	革	命	後	は	，		契	約	に	基	づ	く
人	間	関	係	が	主	流	に	な	っ	た	。								

①⇒このように時系列（出来事を起きた順に述べる方法）でまとめてもよい。産業革命の前後の変化をわかりやすくするなら「親密な関係」に対応する言葉として①は「人間味のない関係」とするとさらによい。

●その2　評価：**C**　字数：55字 -

近	代	の	英	米	に	お	け	る	社	会	的	無	秩	序	は	，		社	会	が
工	業	化	し	人	間	味	の	無	い	物	に	な	り	，		人	間	同	士	の
関	係	が	契	約	へ	と	変	わ	っ	た	た	め	だ	。				

★⇒「Xが原因でAがBに変化した」というまとめ方が望まれる。この書き方ではX「第一次産業革命」とA「農耕社会」が書かれていないので，なぜそうなったのか，元はどうだったのかが気になる答案になってしまう。

①⇒「に基づいたもの」とすべき。

11

¶1　18世紀後半，19世紀前半に米国と英国においてみられた社会混乱の原因をたどると，直ちにいわゆる第一次産業革命の破滅的影響にたどり着ける。当時は蒸気動力と機械化によって繊維産業，鉄道業といった新しい産業が誕生した時代であった。ひょっとするとほんの100年ほどの間に農耕社会は都市型の産業社会へと変遷を遂げ，田舎の生活や農村の生活を象徴づけていた，それまで培われてきた社会規範，習慣，慣習の全てが，工場と都市のリズムに取って代わられた。

- disorder「混乱」　　trace ...「…をたどる」　disruptive「混乱させる」
- textile「織物」　　within the space of X years「X年のうちに」
- accumulated「蓄積された」　※過去分詞　　norm「規範」

¶2　こうした規範の変化により，現代社会学においてもしかしたら最も有名と言える概念，つまりいわゆるゲマインシャフト（共同社会）と，ゲゼルシャフト（利益社会）の区別がフェルディナント・テンニースによって作り出された。テンニースによると，近代以前の典型的なヨーロッパ小作農社会の象徴であったゲマインシャフトは緊密な人間関係のネットワークによって成り立っていたが，それは親族関係と，小さく閉ざされた農村部で行われている直接的な，顔を突き合わせての接触に依るところが大きかった。規範といっても，たいていは明文化されておらず，各個人が相互依存の網の中で互いに結びついていたが，そうした相互依存の網の目は生活全般に及んでいて，それは家庭から仕事，さらにそのような社会で楽しまれていた数少ない娯楽にまで及んでいた。一方のゲゼルシャフトとは，大規模の都市型産業社会を象徴していた法律と，それ以外の正式な規則からなる枠組のことであった。社会の関係はより形式化され，人間味のないものとなった。個々の人間が互いの助けを求めてほぼ同じ程度に依存し合うこともなくなった。そしてその結果，倫理上の義務感もはるかに薄れてしまった。

- engender ...「…を新しく作る」　　premodern「近代以前の」
- peasant「小作農」　　kinship「親族関係」
- A be bound to B「AはBに結ばれている，密接に関係している」
- mutual「相互の」　　framework「枠組み，構造」
- impersonal「人間味のない」　　depend on A for B「Bを求めてAを頼る」

❶では「同格関係」が見られる。これは主に抽象的な名詞Aを具体的な名詞Bが説明する関係を言う。

This shift in norms engendered
A what is perhaps the most famous concept in modern sociology,

同格関係「A, つまりB」

B the distinction ...
between what he called
{
gemeinschaft ("community")
and
gesellschaft ("society").
}

¶3 それ以来ずっと，非公式な規範と価値観が時と共に合理的で公式な法と規則に取って代わられるという考えは，現代社会学において拠り所とされてきた理論となっている。イングランドの法理論家であるヘンリー・メイン卿は，近代以前の社会では「地位」関係というものによって人々が結びつけられていたと提唱した。非公式で曖昧で，多くの場合不明瞭な幾多の相互義務によって構成される生涯にわたる人間関係の中で，父親は家族と結びつき，領主は奴隷と召使と結びついていた。この人間関係を好まないとしても，そこからただ逃げ出すことは誰にも絶対できなかった。対照的に，現代の資本主義社会は，そうした関係は「契約」──例えば，従業員が雇用者からある一定の賃金を得る見返りにある一定量の労働を提供するという正式な合意──に基づいていると，メインは述べている。あらゆることが労働契約書に詳細に記されており，それゆえ国家による法的強制力もある。金銭の対価に受ける奉仕に伴う伝統的な責務や義務は存在しない。言い換えると，そうした契約関係は地位関係と違って倫理的な関係ではなく，契約期間が満了すれば双方がいつでもその関係を断ち切れるのである。

11

- ☐ a host of ... 「多くの…」
- ☐ unarticulated「論理立てられていない，曖昧な」 ※ articulate ...「(語，音など)をはっきり発音する，(考えなど)をはっきり述べる」の派生語。
- ☐ contract「契約」　　　☐ spell out ...「…を詳細に記述する」
- ☐ enforceable「法的強制力のある」　☐ age-old「古い」
- ☐ provided S V「S V なら」 ※この provided は接続詞。

❺の by contrast に注目すれば，その前後で産業革命以前の社会と以後の社会が対照的に述べられていることがわかる。

明文化の問題点

　「これとこれは必ずやってください」と言われると，思考が停止します。「自分で考えて必要なことはやってください」と言われると，思考が刺激されます。おそらく各自の思考を停止させて，各自の自覚に依らないルールを明文化しようとするなら，無限の項目を作らなければならないでしょう。そうすれば非常に生きにくい環境になるでしょう。「曖昧さ」を残すところにこそ，生きやすさがあるような気がします。

「インターネットが人の記憶に及ぼす影響」

難易度：★★★☆☆

段落メモと要約を書くためのポイント

¶1　人は集団内で記憶を分配する。

¶2　記憶を分配すれば，個人の記憶量は少なくても集団内の記憶容量が拡大し，グループの結びつきを強くする。

¶3　インターネットの発達により交換記憶システムがインターネットに取って代わられた。

¶4　インターネットに記憶を任せるので，記憶のパートナーが不要になり，情報を自身で記憶しようとする衝動を弱めている可能性がある。

> ¶1～2で交換記憶システムに関する説明がされているが，¶3❷のYet「しかし」を起点に話が大きく変わる。¶3❷～¶4でインターネットの発達が人々の記憶衝動に与える影響が書かれている。この大意（以下の4点）をまとめよう。
>
> 1．人は集団内で記憶を分配する
> 2．個人の記憶量は少なくても集団内の記憶量は多い
> 3．インターネットに記憶を任せる
> 4．人の記憶しようとする衝動が弱まる可能性がある

模範要約例

[88字]

人	は	集	団	内	で	記	憶	を	分	配	さ	せ	て	，	個	人	の	記	憶
量	は	少	な	く	て	も	集	団	全	体	の	記	憶	量	を	増	や	し	て
い	た	が	，	イ	ン	タ	ー	ネ	ッ	ト	に	記	憶	を	任	せ	る	よ	う
に	な	り	，	情	報	を	記	憶	し	よ	う	と	す	る	衝	動	が	弱	ま
る	可	能	性	が	あ	る	。												

解説　「個人の記憶は少なくても集団内の記憶量は多い」という内容が抜けている答案が多い。また，「～衝動が弱まった」と事実として述べている答案が目立つが，本文では may が使われているので，これはダメ。「事実」と「可能性」を区別しよう。

People used to share the memorization of information among the members of their group to reduce the burden on individuals and increase the memory capacity of the group as a whole. Now, however, we tend to rely on the Internet, which may be undermining the need to memorize information.

生徒要約例

●その1　評価：**A−**　字数：90字 - よくできました

情報の記憶を特定の集団内で分担することで集団内の知識の総和は大きくなり無駄な努力を避けられる。しかしインターネットの出現で記憶の分担ばかりか①個人の認知能力も不要となるかもしれない。

① ⇒ 「認知能力が（インターネットに）乗っ取られつつある」なら可。または，「個人の記憶しようとする衝動が弱くなる」とすべき。

●その2　評価：**B−**　字数：73字 - あと一歩です

かつては集団のそれぞれが情報を記憶する責任を持ち，その情報を①共有していた。しかし，インターネットの普及で人と情報を②分担，共有する必要がなくなった。

① ⇒ ここでは「分配」とすべき。「分配」と「共有」を間違える答案が多い。

② ⇒ 「〜する必要がなくなった」では肯定的な印象すらある。「記憶しようとする衝動が弱まる可能性がある」などと否定的にまとめよう。

12

訳 例

¶1　私たちはみな，頭を使う作業をある程度他人に委任する。新しい情報を与えられると，事実と考えを覚えるという責任を特定の社会集団内で無意識に分配し，あることは自らが覚えておき，残りは他の人に任せて覚えてもらう。何かの正しい名前や壊れた機械の修理の仕方を思い出せない時には，そのことを知っているはずだと信頼できる他の人に頼るだけでよい。

- ☐ to some degree「ある程度」　※ to a ... degree「…な程度で」
- ☐ delegate A to B「AをBに任せる」
- ☐ When presented = When we are presented
- ☐ distribute A among B「AをBの間で分配する」　※ -tribute は「与える」の意。
- ☐ recalling ... は前文の補足説明をする分詞構文。
- ☐ on A's own「A自身で」　　☐ trust ... to (V)「…を信頼して(V)してもらう」
- ☐ turn to ...「…を頼る」　　☐ charge A with B「AにBを任せる」
- ☐ in the know「内情に通じている」

¶2　このように情報を分配することによって，努力の不必要な重複を避けられ，グループ全体の記憶容量の拡大にも役立つ。特定の種類の情報を覚える責任を他人に委ねると，もし他人に委ねていなければその情報を覚えるために使っていたであろう認知力を温存し，その代わりに，その認知力の一部を使って，自らが責任のある分野の知識を深める。グループのメンバーが情報に対する責任を分担すれば，一人でその責任を負う場合と比べてより広くより深い知識を利用できる。記憶を分配するとグループが団結する。どのような人でも一個人では，もしグループの他のメンバーの集合的な知識に頼らなければ，不完全である。

- ☐ divvy up「分配する」　※語源は divide「分ける」。
- ☐ duplication「重複」　　　　　☐ as a whole「全体の」
- ☐ off-load「(荷物を) 降ろす」　※ここでは off-load A to B で「AをBに任せる」と解釈するとよい。
- ☐ free ... up「…を開けておく」　　☐ cognitive「認知の」
- ☐ resources「(人間の) 力量」
- ☐ otherwise ...「もし…でなければ」　※ここでは「もし off-load ... しなければ」という意味。
- ☐ in exchange「お返しに」
- ☐ knowledge both broader and deeper は2つの形容詞が knowledge を修飾している。
- ☐ than could be obtained alone = than knowledge broad and deep could be obtained alone から，比較級を含む要素が省かれた形になっている。
  （類例）She earns more money than she can spend ~~much money~~.「彼女は使える以上のお金を稼ぐ」

¶3 いわゆる「交換記憶システム」によってこのように情報を分配する傾向は対面してやり取りする世界，つまり，人間の頭脳が情報保存の頂点にあった世界で発展した。だが，この世界はもはや存在しない。インターネットが発達し，人間の頭脳の立場は本命から着外へと転落した。

¶4 iPhone の Siri を社会グループに導入すれば全てが変わる。私たちの研究が示唆しているのは，私たちがインターネットをまるで人間の交換記憶のパートナーのように扱っているということである。家族，友人，または恋人に任せるのと同じように，ためらいなく記憶を「クラウド」に任せる。別の意味で，インターネットは人間の交換記憶のパートナーと異なることもある。インターネットはより多くのことを知っており，こうした情報をより速く提供することができる。インターネットの高速検索を使えば，今日のほとんど全ての情報をすぐに入手することができる。インターネットは，記憶の外的資源としての他人の役割だけでなく，私たち自身の認知能力までをも乗っ取りつつあるのかもしれない。インターネットのせいで，情報を分配するパートナーの必要性がなくなるだけでなく，重要で知ったばかりの何らかの事実を生物学的な記憶の貯蔵庫に確実に書き込もうとする衝動までもが弱まってしまうかもしれない。

12

「鳴き鳥の食生活に関する研究」

難易度：★★★☆☆

段落メモと要旨を書くためのポイント

¶1　鳥は毎日最大10％体重が落ちることもあるので十分食べなくてはならないが，食べ過ぎると動きが鈍くなり捕食されてしまうかもしれない。

¶2　鳴き鳥にマイクロチップを装着し食生活を調べた。

¶3　日中は身軽な状態で捕食動物から逃げるため食べずに餌場を確認し，夕刻過ぎに餌場に食べに戻るとわかった。

¶4　これは実地実験では初の試みであった。

¶5　今後，マイクロチップの実地実験で鳥に関する他のことも調査が可能になるだろう。

> 　この調査の目的は，¶1に書かれている「鳴き鳥は十分に食べないといけないが，食べ過ぎると動きが鈍くなり捕食されかねない」という問題の解決法を調べること。その解決法が¶3の「日中は身軽な状態で捕食動物から逃れ，餌場の確認だけを行い，夕刻過ぎに餌場に食べに戻る」ということ。この調査の「目的」と「解決法」を具体的にわかりやすくまとめよう。
> 　また，この調査はマイクロチップを使うことによって野生の鳴き鳥の食生活について新事実を明らかにしたという点が，先行研究と違う点である。よって「マイクロチップを使った調査」という内容を入れるべきである。

模範要約例

[100字]

マ	イ	ク	ロ	チ	ッ	プ	を	使	っ	た	調	査	に	よ	り	，	鳴	き	鳥
は	，	日	中	は	身	軽	な	状	態	で	捕	食	動	物	か	ら	逃	げ	る
た	め	餌	場	の	確	認	だ	け	を	行	い	，	夕	刻	過	ぎ	に	餌	を
食	べ	る	こ	と	が	判	明	し	た	。	今	後	こ	の	手	法	は	鳥	の
疫	病	の	伝	染	経	路	の	調	査	等	に	も	有	効	で	あ	ろ	う	。

解説　調査についてどのような方法で，どのような結果が書かれているのか，読んでいてわかりにくい答案は低い評価となった。

Using microchips to track their movements, researchers have established that songbirds do not eat during the day in order to remain light enough to evade predators. They search for food sources and then return to eat in late afternoon and the evening. Similar methods will allow researchers to track the transmission of infectious diseases among birds.

生徒要約例

●その1　評価：**A−**　字数：100字 - - - - - - - - - - - - - - - - - -

マ	イ	ク	ロ	チ	ッ	プ	を	使	っ	た	調	査	で	①鳥	は	朝	に	食	料
の	あ	り	か	を	探	し	出	し	,	②午	後	に	敵	に	襲	わ	れ	る	危
険	が	減	る	と	そ	の	場	に	餌	を	食	べ	に	戻	る	こ	と	が	わ
か	っ	た	。	同	様	の	方	法	で	鳥	の	病	気	の	伝	染	な	ど	以
前	は	不	可	能	だ	っ	た	研	究	が	可	能	に	な	る	だ	ろ	う	。

① ⇒ 正確には「鳴き鳥」とすべき。

② ⇒「夕刻過ぎ」に変え，字数調整すべき。

●その2　評価：**C**　字数：90字 -

マ	イ	ク	ロ	チ	ッ	プ	を	用	い	た	調	査	で	①小	鳥	が	②ど	の	よ
う	に	食	料	を	得	る	か	が	わ	か	っ	た	。	以	前	主	流	で	あ
っ	た	理	論	や	室	内	実	験	に	頼	っ	た	研	究	に	代	わ	る	こ
の	よ	う	な	研	究	は	③さ	ら	な	る	疑	問	に	つ	い	て	の	研	究
に	寄	与	し	う	る	だ	ろ	う	。										

① ⇒「鳴き鳥」とすべき。

② ⇒「朝は餌を食べずに餌場の確認だけを行い，夕刻過ぎに食べることがマイクロチップを使った追跡調査によりわかった」とするとわかりやすい。調査の「方法」，「結果」を具体的に述べよう。

③ ⇒「鳥の疫病の伝染経路の調査等」というように具体的に述べよう。

13

¶1　「早起きする鳥は虫を捕まえる」という 諺 (ことわざ) がある。もちろん実際のところ，話はもう少し
複雑である。庭でさえずる鳥には冬の間に仕事が一つあり，それは春夏の間に雛 (ひな) をかえすこと
ができるぐらいの期間生き延びることである。小さな鳥はたった一晩で 10% も体重が落ちる
こともあるので，毎日十分に食べる必要がある。しかし，もし体があまりにも重くなると飛ぶ
のが遅くなり，ハイタカのような捕食者の犠牲になるかもしれない。

- ☐ the early bird catches the worm【諺】「早起きする鳥は虫を捕まえる（早起き
  は三文の徳）」
- ☐ breed「繁殖する」
- ☐ lose up to 10 percent of their body weight「体重を10%も失う」　※up to ... は
  「到達」のイメージで「…に至るまで」という意味。
- ☐ pack ... on「…の分だけ太る」　※ put ... on と似た熟語。
- ☐ vulnerable to ...「…に攻撃されやすい」　※ vulner- は wound と同義で「傷つ
  ける」，-able は「されうる」。
- ☐ predator「捕食者」　※「つかむ者」が原案。prey「えじき（←つかまれた者）」

¶2　オックスフォード大学の研究者たちは 2,000 羽を超える鳴き鳥にマイクロチップを装着し，
その動きを追跡した。研究者たちは様々な餌場にマイクロチップの検知装置を取り付け，毎日，
餌場のいくつかを移動させることによって，鳥が餌を見つける方法を推察することができた。

- ☐ track ...「…をたどる」　※ tra- は「人・動物が通った跡」の意味。track, train
  なども同じ。
- ☐ outfit A with B「AにBを供給する」（→P.15のコラム参照）
- ☐ an array of ...「ずらりと並んだ…」
- ☐ feeder「餌場」　cf. food「食べ物」，feed「食べさせる（餌を与える）」
- ☐ infer ...「…を推察する」　※ in-「頭の中へ」＋ -fer「運ぶ」

¶3　鳥は毎朝巣を出て餌を探すが，餌場の質と場所を確認するだけで，実際に餌を食べるわけで
はない。午前中は断食することによって，日中は捕食者の攻撃をかわすだけの素早さを保って
いる。夕刻を過ぎると，鳥は身につけた餌の在りかという知識によって餌場に食べに戻るので
ある。この研究は Biology Letters 誌に最近掲載されたものである。

- ☐ scout「（…を）探し回る」　※ boy scout は「少年探検団」のイメージ。
- ☐ assess ...「…を評価する」　　☐ dine「食事をする」
- ☐ fast「断食をする」　※ breakfast「朝食（←断食を終わりにするもの）」
- ☐ dodge ...「…をかわす」　　☐ wear on「（時が）経つ」
- ☐ armed with ...「…を身につけて」　※ armed は分詞構文。

¶4　この新しい実験は，野生の鳴き鳥が，自らがおいしい餌とならずに十分に餌にありつくという，相反する難題を乗り越える方法を調査した初の試みの一つである。オックスフォード大学で大学院在籍中にこの実験チームを率いたダミアン・ファリンは「ほとんど全ての先行研究は理論モデルか，捕われた鳥を対象になされた研究であった」と述べている。

> ☐ negotiate ...「…を乗り越える」
> ☐ competing「相反する」
> ☐ previous studies「先行研究」　※当該研究をする際に参考にされる，より以前の研究のこと。
> ☐ theoretical「理論の」
> ☐ in captivity「捕えられた状態で」(capture ... 動「…を捕える」)

¶5　ブリティッシュコロンビア州(カナダ)のサイモンフレーザー大学の野生動物生態系センター所長であるロン・イデンバーグは，同じようにマイクロチップを使った計画によって，鳥同士のネットワークや認知能力のみならず，鳥の間での疫病伝播に関するさらなる研究も進めることができるようになると述べている。さらに「こうした分析は30年前私が大学院生であった頃には信じられないほど複雑なもののように思われていた」と付け加えている。

13

> ☐ scheme「計画，たくらみ」
> ☐ disease transmission「疫病伝播」　※ trans- は「向こうに」，-miss は「送る」という意味。
> ☐ cognitive「認知に関する」
> ☐ impossibly「信じられないほど」

マイクロチップにより解明される動物の生態

　マイクロチップを使って動物の動きを知るという実験方法は，以前では不可能であったものです。例えばウミガメの移動経路をたどるには，昔は，生まれたてのウミガメに小型バッテリー付きのカメラをつけて観察していましたが，装置の重量によりウミガメが泳げなくなるというような難点がありました。今では，マイクロチップを付けてウミガメに負担をかけずに移動経路をたどることが可能になったようです。本問最終段落での研究者のセリフ「こうした分析は30年前…複雑なもののように思われていた」というのも，研究装置の重量のことを考えての発言と思われます。

14

「社会的多様性がもたらす利益」

難易度：★★★☆☆

¶1 専門的知識の多様性は有益だが，社会的多様性の良い面とは何だろうか。

¶2 革新的なことをする組織には多様性は必要だ。新たな情報と視点からより良い意思決定と問題解決が可能になるからだ。

¶3 社会的多様性が情報の多様性につながる。

¶4 性別の多様性がもたらす効果。

¶5 人種の多様性がもたらす効果。

> 社会的多様性が組織において必要であるということを述べた文章。¶1の最終文で問題（社会的多様性の利点とは？）が提起され，¶2, 3でその答えが書かれている。
>
> ¶4, 5に「多様性」の実例として性別（¶4）や人種（¶5）が述べられている。本問は「要旨をまとめよ」なので，触れる必要はないだろう。

模範要約例

[70字]

性	別	や	人	種	と	い	っ	た	社	会	的	多	様	性	は	革	新	的	な
こ	と	を	行	う	組	織	に	は	必	要	で	あ	る	。	新	た	な	情	報
と	視	点	が	，		よ	り	優	れ	た	意	思	決	定	と	問	題	解	決	を
促	進	す	る	か	ら	で	あ	る	。										

解説 「専門的知識の多様性」が利益をもたらすのは一般的な内容。筆者の主張は「社会的多様性」も利益をもたらすということなので，「社会的」という文言をつけ加えること。

社会的多様性の具体例として「性別や人種」という説明が抜けている答案が多い。本問で例証されているのはこの2つなので要旨に入れるべき。これがなければ一般的な社会的多様性の話になる。また，「革新的なことを行う組織」も入れた方がよい。これを入れなければ「一般的な組織で多様性が必要である」という内容になってしまう。

Social diversity of gender, race, and the like is beneficial to organizations, because it makes them more innovative. The new information gained from it and the new perspectives it brings about lead to better decision making and problem solving.

生徒要約例

●その1　評価：**A −**　字数：70字 - - - - - - - - - - - - - - - - - - -

性	別	や	民	族	が	単	一	で	な	く	多	様	な	集	団	は	,		多	く
の	情	報	や	経	験	に	加	え	視	点	の	異	な	る	意	見	に	よ	り	
,	創	造	力	豊	か	な	革	新	重	視	の	組	織	と	な	り	,		際	立
っ	て	利	潤	を	得	て	い	る	。											

① ⇒ 多様性によって「革新重視の組織になる」とは書かれていない点に注意。本文では，「革新的なことを行う組織では多様性は必要」と書かれているのである。

14

●その2　評価：**C**　字数：66字 - - - - - - - - - - - - - - - - - - -

多	様	性	は	様	々	な	情	報	を	も	た	ら	す	こ	と	で	,		創	造
性	を	豊	か	に	す	る	。	こ	れ	は	企	業	に	お	い	て	も		同	様
で	,		多	様	性	が	高	け	れ	ば	高	い	ほ	ど	業	績	が	良	く	革
新	的	に	な	る	。															

① ⇒ このように，一般的に「多様性は…」と述べる答案もあるが，これは不可。「性別，人種などの社会的多様性」とすべき。

② ⇒ 多様性の利点である「新たな情報と視点が得られる」（¶2❸）という内容が抜けている答案例も多い。

③ ⇒ 「革新的なことを行う企業では」とすべき。どんな企業でも社会的多様性が必要であるとは書かれていない。

¶1　多様性がどのような利益をもたらしてくれるのだろうか，という問いは妥当だ。多様な「専門知識」があれば明白な恩恵をもたらす。技術者，設計者，品質管理の専門家がいなければ新車を製造することなど考えられないだろう。しかし，社会的多様性についてはどうであろうか。人種,民族,性別,性的指向の多様性はどのような利益をもたらすだろうか。これまでの研究から，ある集団の中の社会的多様性により，不快感を生み，言葉のやりとりが不正確になり，信頼感が欠け，人間関係の対立がより大きく感じられ，意思疎通が低下し，結束が弱まり，軽蔑がはびこる懸念が増す，といった問題が生じうると示されている。それでは，良い面とは何なのか？

- ☐ what good diversity does us「多様性はどのような利益をもたらすのか」
  ※ S do ... good で「Ｓは…に利益をもたらす」の意。ここでの元の形は diversity does us good である。
- ☐ diversity「多様性」
- ☐ expertise「専門的知識」
- ☐ confer ...「…をもたらす」
- ☐ ethnicity「民族性」
- ☐ cohesion「まとまり」
- ☐ upside「上側，良い面」

¶2　それは，もし革新的なことを行う能力のあるチームや組織を作りたいのであれば，多様性が必要だということだ。多様性は創造性を高める。多様性により今までと違った情報と視点を追い求めることが促され，そのためより良い意思決定と問題解決が可能になる。多様性によって企業の純利益は増し，自由な発見と画期的な革新が生まれる。多様性に触れるだけでさえ考え方を変えることができる。これはたわごとではなく，組織学者，心理学者，社会学者，経済学者，人口統計学者らの数十年の研究に基づいて私が導き出した結論である。

- ☐ innovate「革新する」
- ☐ enhance ...「…を高める」
- ☐ novel「新しい，斬新な」
- ☐ perspective「視点」
- ☐ decision making「意思決定」
- ☐ bottom line「純利益，純損失」　※どちらの意味かは文脈で決まるが，ここでは前者。
- ☐ unfettered「自由な」
- ☐ breakthrough「革新的な」
- ☐ wishful thinking「希望的観測」
- ☐ demographer「人口統計学者」

¶3　多様性の肯定的な影響を理解する上でカギとなるのが情報の多様性という概念である。人は集団で問題を解決するように集められると，様々な情報，意見，観点を持ち込んでくる。このことは，学問背景の多様性に関して考えてみると明白な意味をなす。異なる専門分野から成るチームが車を製造する際の話をもう一度考えてみるとよい。同じ理論が社会的多様性についてもあてはまる。人種，性別，他の点で互いに異なる人々がそれぞれ特有の情報と経験を持ち込んで目の前の仕事に影響を与える。男性と女性の技術者の視点の違いは，技術者と物理学者の

視点と同じくらい互いに異なるかもしれないし，これは良いことだ。

> ☐ disciplinary「学問の」
> ☐ interdisciplinary「学際的な，多くの学問分野にまたがる」
> ☐ bear on ...「…に影響する」 ※ to bear on ... は「結果」を示す to 不定詞。
> ☐ at hand「手元に」 ※ここでは task を修飾する形容詞的働き。

¶ 4　大規模で革新的な組織に関する研究によって，このことが真実であるということは繰り返し示されてきた。例えば，経営学者であるメリーランド大学のクリスチャン・デジェーとコロンビア大学のデイヴィッド・ロスは性別の多様性がＳ＆Ｐ 1500 指数（アメリカの株式市場全体を反映するように選ばれた企業リスト）の中での上位企業に与える影響に関して研究した。彼らはまず 1992 年から 2006 年までの企業経営最上層部の規模と性別構成を調べた。次にそれぞれの企業の財務業績を調べた。彼らの言葉を借りると，平均して「女性が経営最上層部にいると企業価値が 4,200 万ドル上昇する」と判明した，ということだ。

> ☐ this is the case「これは真実である」　☐ firm「企業」
> ☐ equity market「株式市場」　　　　　　☐ composition「構成」
> ☐ financial「財政の」　　　　　　　　　　☐ representation「代表（すること）」

14

¶ 5　人種の多様性も同じ様に恩恵をもたらしうる。テキサス大学ダラス校の経営学教授オーランド・リチャードとその同僚が 2003 年に行った研究で，アメリカ国内の 177 の国法銀行の重役陣に関して調査し，財務業績，人種の多様性，および銀行の最高責任者が革新的なことを重視しているかどうかを比較するデータベースをまとめた。革新的なことを行うことを重視する銀行では人種の多様性の増加と財務業績の改善に密接な関係があることは明白であった。

> ☐ colleague「同僚」　　　　　　　　　☐ executive「重役」
> ☐ national bank「国法銀行」 ※連邦政府の認可を受けた商業銀行で，主に米国で
> 　 用いられる。

読解とは「曖昧さに耐える」こと

　英文を読んでいると，「よくわからないな」ということがあります。そんな場合は立ち止まって熟考するのではなく，「きっと後でわかるだろう」と楽観しながらどんどん読み進めていくべきです。この「曖昧さに耐える力」を備えていることが，読解力の大きな部分を占めているのかもしれません。読解をリスニングで訓練すると，否応なしに先へ先へと進んでいきますから，この力を養うには最適でしょう。

15 「氷床コアを用いた調査の信憑性」

難易度：★★★★☆

段落メモと要旨を書くためのポイント

¶1　両極の氷の中に閉じ込められた空気を，（その成分が変化しないという前提の元で）研究することで過去の大気の状態がわかることを科学者が発見した。

¶2　中空の筒の形をしたドリルで氷の層を取り出し，その層の数で研究対象の年の大気の状態を知ることができた。この研究で二酸化炭素の量が過去の200年の間に非常に増加したことがわかった。

¶3　氷に閉じ込められた二酸化炭素の量は，氷の結晶や水や他の化学物質の中に吸収されるため安定しないと指摘された。この指摘が正しければ過去にはもっと多くの二酸化炭素があったということになり得るが，それを考慮しても過去30年間に二酸化炭素は10%以上も増えたという調査結果と一致している。

> ¶1と¶2をまとめて「両極の氷の中に閉じ込められた空気の研究から，過去の大気の状態がわかった」とする。後半の記述との整合性から「氷の中に閉じ込められた空気は，その成分が変化しないという前提の元」というのも字数が許せば追加してもよいだろう。¶3は「氷に閉じ込められた二酸化炭素の量は，氷の結晶などに吸収されるため安定しないという指摘を考慮しても，過去30年間の調査結果に一致している」とする。

模範要約例

[120字]

両	極	の	氷	に	密	閉	さ	れ	た	空	気	を	研	究	し	て	，		過	去
の	大	気	の	性	質	を	調	べ	る	方	法	が	開	発	さ	れ	た	。	氷
の	中	の	二	酸	化	炭	素	の	状	態	に	関	す	る	異	議	は	あ	る
も	の	の	，	こ	の	調	査	か	ら	過	去	二	百	年	に	大	気	中	の
二	酸	化	炭	素	量	が	著	し	く	増	加	し	た	こ	と	が	わ	か	り
，	こ	れ	は	過	去	30	年	間	の	研	究	結	果	に	一	致	す	る	。

解説　重要なのは，「両極の氷の中の二酸化炭素の量の研究には多少の誤差があるかもしれないが，それによって，少なくとも過去30年間における二酸化炭素の増加が判明した」ということ。

64

A method of studying the air caught in ice at the two poles was invented several years ago. It is true that this approach may be problematic because such air may not stay the same over time. Molecules in the air such as CO$_2$ may be absorbed by ice crystals, for example. However, the approach suggests that there is now much more CO$_2$ in the atmosphere than there was two hundred years ago, and measurements of recent changes in CO$_2$ levels also show a large increase.

生徒要約例

●その1　評価：**A**　字数：119字 -

北	極	や	南	極	の	氷	の	中	に	包	ま	れ	た	空	気	を	調	べ	る
こ	と	で	過	去	の	大	気	の	性	質	を	知	る	こ	と	が	で	き	,
二	酸	化	炭	素	が	氷	に	吸	収	さ	れ	る	な	ど	し	て	実	際	の
過	去	の	量	よ	り	少	な	い	だ	ろ	う	に	も	か	か	わ	ら	ず	,
そ	れ	で	も	な	お	,	こ	の	短	い	期	間	に	1	0	％	以	上	の	二
酸	化	炭	素	が	増	加	し	た	こ	と	が	示	さ	れ	て	い	る	。	

★ ⇒ 一部不自然な日本語はあるものの，全体ではよく書けている。

① ⇒ 「30年間」に変更すべき。

●その2　評価：**B**　字数：119字 -

数	年	前	,	あ	る	科	学	者	た	ち	が	過	去	の	空	気	を	調	べ
る	た	め	に	,	北	極	や	南	極	の	氷	の	中	に	閉	じ	込	め	ら
れ	た	と	考	え	ら	れ	る	昔	の	空	気	を	調	べ	た	。	結	果	,
二	百	年	で	二	酸	化	炭	素	が	大	き	く	増	え	た	と	わ	か	っ
た	。	し	か	し	,	別	の	科	学	者	の	指	摘	に	よ	る	と	昔	は
も	っ	と	二	酸	化	炭	素	が	あ	っ	た	か	も	し	れ	な	い	。	

① ⇒ 「二酸化炭素の量は安定していないのではないか」という具体的記述がない。また「それを考慮しても，過去30年間で二酸化炭素は増えている」が抜けたのは痛い。

15

訳　例

¶1　数年前，ある科学者たちが，北極や南極周辺の氷の中に閉じ込められた空気を研究することによって過去の大気の性質を調査する方法を開発した。彼らの理論によれば，雪が降ると，空気が雪片と雪片の間に捕えられる。雪は空気を中に閉じ込めたまま氷に変わる。何年もかけて，雪がどんどん降りつもり，新たな氷の層を作る。しかし，この科学者たちの考えによると，閉じ込められた空気は，雪が最初に降ったときと全く同じ状態を保っているというのである。

- ☐　investigate ...「…を研究する」
- ☐　the nature of ...「…の性質」
- ☐　around the North or South Pole「北極や南極周辺の」
- ☐　trap ...「…を閉じ込める」
- ☐　snowflake「雪片」
- ☐　turn to ...「…に変わる」
- ☐　making ...「それによって…を作る」　※分詞構文。
- ☐　these scientists believed はＳＶの挿入。
- ☐　remain exactly as it was「以前と全く同じ状態にとどまる」
- ☐　originally「最初に，元々」

¶2　300年前の空気の状態を調べるために，氷の層深く切り込むための中空の筒の形をしたドリルが用いられる。ドリルを引き抜くと，多くの層からなる氷床コアがその筒の内側に入って上がってくる。それから，研究所で，氷床コアにある層を数えて（各層は1年を表す）研究の対象となる年に降った雪から形成された氷を見つける。この方法を用いて，この科学者たちは地球の温暖化をひきおこす気体の一つである二酸化炭素（CO_2）の量が過去の200年の間に著しく増加したという結論を出したのであった。

- ☐　in the shape of ...「…の形をした」
- ☐　a hollow tube「中空の筒」
- ☐　cut deep into ...「…へと深く切り込む」
- ☐　the layers of ice「氷の層」
- ☐　the year to be studied「研究の対象となる年」
- ☐　global warming「地球温暖化」

¶3　しかし，ノルウェーのある科学者はこの方法には問題があると指摘した。その科学者は，氷に閉じ込められた空気は同じ状態のままではないと主張した。彼が言うには，特に，二酸化炭素の量は安定していない。なぜなら，二酸化炭素の一部は氷の結晶に吸収され，一部は水に入り込み，一部は他の化学物質の中に閉じ込められるからだ。もしこれが真実なら，過去には，我々が考えるよりも多くの二酸化炭素があったということになり得る。たとえそうであったとして

66

も，過去 30 年間に行われた測定結果では，二酸化炭素はこの短い期間に 10%以上も増えた
ことがわかっている。

- ☐ point out that S V「S Vと指摘する」
- ☐ stay the same「同じ状態にとどまる」
- ☐ remain stable「安定した状態である」
- ☐ ice crystal「氷の結晶」
- ☐ lock oneself up in ...「…の中に閉じ込められる」
- ☐ increase by ...「…増加する」

S V の挿入について

I think, I believe, it is said, it seems, there is no doubt などが，文中にコンマで
挟まれて挿入されることがある。この場合には，その挿入されたものを文頭に移動させて
考えるとわかりやすい。

[例1] Competition, we have learned, is neither good nor bad in itself.
「競争はそれ自体では良いものでも悪いものでもないと我々は知った」

この例では，We have learned that competition is neither good nor bad in itself.
が元の文である。この場合 we have learned を関係代名詞節だと考えることはできない。
コンマ＋関係代名詞節の場合，関係代名詞を省略することができないからである。

[例2] Conventional wisdom in America about public education in Japan
revolves around several negative, if not overstated, themes. More than
just competitive, Japanese education is stressful, the argument goes, and
students spend long hours every night grinding away homework.
「日本の公教育に対するアメリカの社会通念は，誇張しているとまでは言わないま
でもいくつかの否定的なテーマが中心となっている。その主張によると，日本の
教育はただ競争が激しいだけでなく，ストレスが溜まり，学生は毎晩長時間を費
やして宿題を片付けている，というものだ」

この例の第2文は The argument goes that more than just competitive, Japanese
education is stressful and students spend long hours every night grinding away
homework. が元の文である。

... go that S V は，誰かの発言をそのまま引用する場合に用いられる。

15

16

「蛍光ペン利用の弊害」

難易度：★★★★☆

段落メモと要約を書くためのポイント

¶1　蛍光ペンは大学生の読み方を歪めている。

¶2　蛍光ペンは要点に印をつけるだけの作業で使われ読み方を受動的（＝鵜呑み）にする。つまり，能動的，批判的，分析的に読まねばならない大学生に悪影響を及ぼす。

¶3　蛍光ペンは鉛筆やペンと異なりメモができない。

> 　¶1で述べられた「蛍光ペンは大学生の読み方を歪めている」の具体的説明が¶2の「蛍光ペンは読み方を受動的にする」，¶3の「メモができない」である。ただ，内容的には「メモができないので，読み方を受動的にする」というように，「原因」→「結果」の順で書くとわかりやすい。
> 　以下が「蛍光ペン」と「鉛筆やペン」の対比。
>
> | | 蛍光ペン | 鉛筆やペン |
> |---|---|---|
> | 読み方 | 受動的 | ―― |
> | 余白にメモができる | × | ○ |

模範要約例

[80字]

蛍光ペンは要点に印をつけるだけの作業で使われ，鉛筆やペンと違って余白にメモができないので，読み方を受動的にし能動的な読み方が要求される大学生には悪影響を及ぼす。

解説　中学生や高校生が蛍光ペンを使うことに対しての言及ではない。筆者が言っているのは，能動的，批判的，分析的な読み方が要求される大学生には，蛍光ペンを使った受動的な読み方（つまりメモができない読み方）は悪影響であると言っているのである。よって「大学生」という言葉がないと点は与えられない。なお，read は「読書する」では不十分。筆者が言っているのは，娯楽としての読書ではなくて，勉強・研究の際の「読む」という作業に関してである。

68

Unlike pencils or pens, highlighters cannot be used for writing notes in the margins of books, which makes readers more passive, because they are used for simply marking the important points of a text that the reader needs to read. This has a bad effect on university students, who need to read actively, critically, and analytically.

生徒要約例

● その1　評価：**B**　字数：78字 ‒ ‒ ‒ ‒ ‒ ‒ ‒ ‒ ‒ ‒ ‒ ‒ ‒ ‒ ‒ ‒ ‒ ‒ ‒

蛍	光	ペ	ン	の	使	用	は	①大	学	生	に	悪	影	響	を	与	え	る	。
鉛	筆	や	ペ	ン	は	書	き	込	み	が	で	き	る	が	，		蛍	光	ペ	ン
は	要	点	に	線	を	引	く	だ	け	な	の	で	，	②大	学	生	の	読	書
が	受	動	的	に	な	り	，	③読	書	能	力	が	低	下	す	る	。		

① ⇒「大学生の読み方に」とした方がわかりやすく，正確。

② ⇒「能動的，批判的，分析的な読み方が必要な大学生の読み方が」として，それが字数内に収まるよう字数を調整するとよい。たとえば「能動的，批判的，分析的」は「能動的」だけで十分であろう。

③ ⇒ 3行目は「読み方」，4行目は「読み方の」とすべき。

16

● その2　評価：**C**　字数：80字 ‒ ‒ ‒ ‒ ‒ ‒ ‒ ‒ ‒ ‒ ‒ ‒ ‒ ‒ ‒ ‒ ‒ ‒ ‒

①下	線	を	引	く	と	い	う	用	途	に	お	い	て	蛍	光	ペ	ン	は	鉛
筆	や	ペ	ン	と	は	違	い	，	余	白	に	な	に	か	を	書	く	こ	と
は	な	い	の	で	，	②本	と	の	関	わ	り	が	少	な	く	，	引	い	た
箇	所	以	外	は	読	み	飛	ば	す	と	い	う	影	響	を	③与	え	る	。

① ⇒ 削除。不要な部分は書かない。

② ⇒「本との関わりが少なく」ではわかりにくい。また，筆者が述べている蛍光ペンがもたらす悪影響は「引いた箇所以外は読み飛ばす」ことではなく「受動的な読み方が身についてしまう」ことである。

③ ⇒「大学生に」が抜けているが，必要。

¶1　蛍光ペンは，鮮やかな色で文字を透かして上塗りすることによって本に書かれた文章の一部を強調することを可能にするマーキングペンのことだが，これの使用は，多くの大学生の本の読み方を歪めて軽薄なものにし，大学生の教育に重大な影響を及ぼしている。

- ☐ highlighter「蛍光ペン」（highlight ... 動「…を目立たせる」）
- ☐ highlighters と those marking pens ... が同格の関係。those ... は先行詞を示す働き。通例，訳さない。
- ☐ A allow O to (V)「AはOが(V)するのを可能にする」
- ☐ transparent「透明な」
- ☐ overlay ...「…に上塗りする」

¶2　今でもマーカーの類を一切使わずに本を読む学生も中にはいるし，ペンや鉛筆を使い続けている者もいるにはいるが，大半の学生は蛍光ペンに切り替えている。蛍光ペンの最も一般的な使い方は，単語の上に色鮮やかな色を塗りつけることで，学生が読まなくてはならない本文の主要点に単に印をつけるというものである。これは無害に思えるかもしれないが，蛍光ペンをそのように使うことによって実際には，受動的に読む習慣，つまり，言葉が目に入ってきても印象として残らず，それを読み手が頭を使わないで鵜呑みにしてしまう習慣が助長されている。これは彼らに重大な影響を与えることになりうる。なぜなら大人になったばかりの若者達は能動的，批判的，分析的な読み方を身につける必要性が極めて大きいからだ。

- ☐ while S'V', S V「S' V'だが（一方）S V」
- ☐ the use of ... is for (V)ing「…の使用は(V)のためである」
- ☐ simply marking ... の mark の目的語が the main points of ...
- ☐ that the student needs ... 以下は a text を先行詞とする関係代名詞節。
- ☐ passive reading habits ... と a mindless swallowing of ... が同格の関係。
- ☐ lasting は last（動「続く」）の現在分詞。
- ☐ young adults who ... は university students の言い換え。

¶3　鉛筆やペンを使っていても同じ結果になり得るという反論が出されるかもしれないし，これにもある程度の正当性はある。それでもやはり，読む力が実際低下しているのは蛍光ペンのせいであると考えるのが妥当である。鉛筆とかペンは強調のために，つまり，下線を引くために使われるが，同時に余白にメモを書き込む作業のためにも使われるのが普通であって，この作業によって本文との読み手の関わりあいは大いに強化される。蛍光ペンはこうした目的のためにはほとんど役に立たないのである。

- ☐ object that S V 「S Vという反対意見を述べる」
- ☐ with some justification 「ある程度の正当性を持って」
- ☐ could ... 「…かもしれない」
- ☐ bring ... about 「…をもたらす」
- ☐ hold ~ responsible for ... 「~に…に対する責任があると考える」
- ☐ that is (to say) 「すなわち」
- ☐ writing notes in the margins と a process ... が同格の関係。
- ☐ margin 「余白」
- ☐ intensify ... 「…を強める」
- ☐ involvement 「関わり」
- ☐ practically (≒ almost) 「事実上；ほとんど」

16

英語は「漠然」から「具体」

　英語の文章は「漠然」から「具体」へと流れていきます。この英文も ¶1で「大学生の教育に重大な影響を及ぼしている (is significantly affecting the education of university students)」と「漠然」と主張を示し，¶2❸で「受動的に読む習慣を助長する (encourages passive reading habits)」と示し，¶3❹で「蛍光ペンはこの目的（余白に書き込みをするという目的）ではほとんど役立たずだ (The highlighter is practically useless for this purpose.)」と具体化しています。

　このことは同格の関係にもあてはまります。例えば ¶2❸ passive reading habits — a mindless swallowing of words ... においても，「受動的に読む習慣」という漠然とした内容をダッシュの後ろで具体的に説明しています。

　このように読んでいる英文が漠然としていてわからない時は，そこで立ち止まるのではなく，先へ進むべきなのです。

「クモの巣の強さ」

難易度：★★★★☆

段落メモと要約を書くためのポイント

¶1　クモの巣が強いのは素材の強靱さだけが原因ではない。

¶2　クモの巣が強いのは柔軟性に富むからである。

¶3　クモの巣を分析。単純な反応を示す素材は働きが悪い。

¶4　クモの巣は，損傷を局所化する。

¶5　実地検証。

¶6　クモの巣の構造の原理は構造工学に応用可能かもしれない。

¶7　クモの巣の構造の原理は情報通信網にも応用可能かもしれない。

> 　¶1〜¶3のポイントは「柔軟性」，¶4，¶5は「局所化」ということ。¶6，¶7は「クモの巣の構造の原理を人間の世界に応用する」ということが述べられている。以上から，「(1)クモの巣は外部から加わる力に応じて柔軟に反応する　(2)そのため損傷を局所化できる　(3)これは構造工学　(4)情報通信網の安全性に応用できるかもしれない」という順に要約文を作成するとよい。

模範要約例

[78字]

クモの巣は，その糸が外部からの力に応じて強度を変えて反応するため，損傷を局所化できる。この特性は構造工学や情報通信網の安全性向上にも応用できるかもしれない。

解説　前半では「クモの巣が強いのはどうしてか」の答えとして「その柔軟性のため損傷を局所化できる」という内容を書けばよい。また後半では，¶7❶のalsoに着眼し，何に対する「追加情報」かを見抜こう。ここでは¶6に対して¶7の内容が追加されているので，¶7の内容だけを書いて¶6の内容を書かないのは不可。また，筆者がcouldやmightを用いていることに注意して断定しないようにすること。

The material of spiderweb silk can soften when force is exerted on it, which allows damage to be localized. This property could be used in structural engineering and the design of safer networked systems.

生徒要約例

●その1　評価：**B −**　字数：80字 ‑ ‑ ‑ ‑ ‑ ‑ ‑ ‑ ‑ ‑ ‑ ‑ ‑ ‑ ●

ク	モ	の	糸①	は	衝	撃	に	対	し	て	柔	軟	で	,	強	さ	が	増	す
と	固	く	な	る	。	ま②	た	ク	モ	の	巣	は	傷	つ	い	て	も③	一	部
に	と	ど	ま	り	広	が	ら	な	い	。	こ	の	仕	組	み	は	,	耐	震
構	造	や	情	報	通	信	網	の	保	護	な	ど	に	応	用④	で	き	る	。

① ⇒ この文章のメインテーマは「クモの糸」ではなく「クモの巣」である。本文中で前者は2回，
　　後者は8回出てくることからもわかる。

② ⇒ ここは「また」ではなく「（固くなる）ので」という関係。

③ ⇒ 「その傷は局所的である」とすべき。現状では日本語が不自然。

④ ⇒ 「できるかもしれない」とすべき。¶6❷のcould, ¶7❶のmightを見落として「できる」
　　や「している」とする答案が多い。科学的な文章では特に事実と可能性を見極めること。

17

●その2　評価：**C**　字数：71字 ‑ ‑ ‑ ‑ ‑ ‑ ‑ ‑ ‑ ‑ ‑ ‑ ‑ ‑ ‑ ●

全	体	の	ク	モ	の	巣	の	構	造	を	残	す	た	め	に	,	巣	に	与
え	ら	れ	た	被	害	を①	1	つ	に	集	中	さ	せ	る	と	い	う	ク	モ
の	巣	の	原	理	は	,	今	日	の	耐	震	性	の	建	物	や②	情	報	通
信	網	に	生	か	さ	れ③	て	い	る	。									

★ ⇒ 「柔軟性」の話が抜けている。この答案のように「柔軟性」,「局所化」,「構造工学への応用」,
　　「情報通信網への応用」のいずれかが抜けている答案が目立つ。

① ⇒ 不十分な説明。「局所化させる」とすべきだが，それが無理でも「限られた範囲に限定させ
　　る」というような正確な説明をすべき。

② ⇒ 「情報通信網の安全対策」とすべき。

③ ⇒ 「るかもしれない」などとして，可能性であることを示すべき。

¶1　クモが巣を張り，獲物を捕らえ，天井からぶら下がるために使用する糸は，知られている中で最も丈夫な素材の1つである。しかしクモの巣をこれほどまでに耐久性の高いものにしているのは，単にその素材の並外れた強度だけではないということが判明している。

- ☐ trap one's prey「獲物を（ワナにはめて）捕らえる」
- ☐ it turns out (that) S V「S V と判明する」
- ☐ it's not just ... that makes ...　※強調構文。
- ☐ exceptional「並外れた」

¶2　土木環境工学の准教授であるマーカス・ビューラーは以前，クモの糸の複雑な構造を分析したが，その糸は様々な段階によって異なる様々な分子間作用によって強度を得ているのである。現在，彼が言うには，クモの巣を丈夫にしている素材の鍵となる特性とは，引っ張られた時に最初は柔らかくなり，次に引っ張る力が強くなった時には再び硬くなるというものであるということだ。負荷がかかった場合に柔らかくなる特性は，以前なら弱点だと思われていた。

- ☐ associate professor「准教授」
- ☐ complex「複雑な」
- ☐ molecular interactions「分子間の相互作用」
- ☐ key property「鍵となる特性」
- ☐ stiffen「硬くなる」

¶3　ビューラーと彼の研究チームは，同じ1つのクモの巣の模様の中に編み込まれた，異なった特性を持つ素材が，局所化された負荷にどう反応するかを分析した。するとより単純な反応をする素材はずっと働きが悪いことがわかった。

- ☐ arranged ...「配置された」　※受動態の分詞構文。
- ☐ localized「局所化された」（localize ...動「…を特定の場所に集中させる」）

¶4　クモの巣への損傷は局所化され，ほんの数本の糸にしか影響しない傾向にある。それは，例えば，虫が捕まって，もがくような箇所である。この局所的な損傷は簡単に修復できるし，巣が十分機能し続けるのであれば，ただ放っておいても構わない。「多くの欠損があっても，クモの巣は機能面ではほとんど変化なく機能します」とビューラーは言う。

- ☐ ❷の or は，repaired easily と just left alone if ... をつないでいる。
- ☐ Even if ..., still「たとえ…でも（それでも）」は相関関係。

¶5　その発見を立証するため，彼と彼の研究チームは文字通り野原へ出て，クモの巣を押したり引っ張ったりした。全ての場合に，損傷は彼らが手を加えた場所のみに限定されていた。

□ immediate area「すぐ近くの範囲」
□ disturb ...「…に迷惑をかける」 ※本文では「…に手を加える」と意訳している。

¶6 この結果は，反応が複合的な素材には重要な長所がありうることを示唆している。局所的な損傷を許容し，構造全体を維持できるようにするという原理は，構造工学の専門家にとってヒントになるかもしれない，とビューラーは言う。例えば，耐震ビルはある程度まで曲がるかもしれないが，揺れが継続するか強くなった場合には，構造の中の特定の部分が最初に壊れることで，損傷を抑制できるかもしれない。

□ could ...「…かもしれない」
□ end up (V)ing「最終的にはVする」→「ゆくゆくはVする」

¶7 この仕組みは情報通信網の設計にも使用できるかもしれない。例えばウイルスの攻撃を検知したコンピューターが即座にシャットダウンすることで，問題が拡散するのを防ぐことができるかもしれない。だからWWW（ワールドワイドウェブ）は，その名前のヒントになったクモの巣の構造から得た教訓のおかげで，いつかもっと安全なものになるかもしれない。

could は2つの単語

should は独立用法として義務・推量・感情を表すなどの意味があり，shall の直説法過去（たとえば shall が時制の一致で should になる），あるいは shall の仮定法過去の用法があります。同様に could は独立用法として，可能性・推量の意味があり，can の直説法過去（たとえば can が時制の一致で could になる），あるいは can の仮定法過去の用法があります。よって could ＝「できた」なんて一面的な見方にすぎないわけです。could を見たら「～かもしれない」という意味もあることを思い出してください。

18 「農耕の起源」

難易度：★★★★☆

段落メモと要約を書くためのポイント

¶1　農耕は，豊かな地域から追いやられた集団が仕方なく始めたというのが従来の説だ。

¶2　その説では農耕は偶然から始まったとするが，最近の研究では違うと示唆する。

¶3　農耕は，不猟を経験した古代人が，食糧の安定供給を目指して，その創造性を生かし，科学的研究を行ったことにより生まれたものだ。

> ¶2 ❹の however に注目し，前後の対比情報をまとめる。
> 全体は「農耕は，従来は〜と考えられていたが，現在では…と考えられている」とまとめよう。

	従来の説	現在の説
誰が行ったか	貧しい土地に追いやられた狩猟採集により食糧を得ていた古代人	不猟を経験した古代人
始まった原因	偶然発見	人間の創造力による科学的実験 食糧の安定供給を目指して開始

模範要約例

[129字]

農耕は，人口増加により狩猟採集に不適な地域へ追い出された人々が種子の成長に偶然気づいて始まったとされていたが，現在では，不猟の年を経験した古代人が食糧不足の年に備えて特定の植物を実験し最良のものを選んだ，という創造力に富む科学的研究から始まったとされている。

解説　従来の考古学者の説は「農耕は偶然に始まった」というもの。現在の説は「農耕は必然的に始まった」ということ。これに肉付けをすればよい。その際，上の表に示したような両者の対比に注目し，できるだけ多くの情報を盛り込むこと。

[58 words]

Archaeologists used to think that agriculture was accidentally discovered by ancient hunters and gatherers who had been pushed out of areas with plenty of food sources to areas with few. Now, however, they think it was started by creative early humans who wanted to secure a constant supply of food and discovered it through scientific research and experimentation.

生徒要約例

●その1　評価：**B**　字数：118字 - - - - - - - - - - - - - - - - あと一歩です

以前は，人口増加で猟場を追われた初期の人類が①余儀なく始めて生産効率が②猟よりも良いことに気がついたのが農耕の始まりだとされていたが，現在では彼らが不猟の年に備え作物を育てて研究していた，人類の創造性が農耕を生み出したのだと考えられている。

①⇒「偶然植物の生育に気がついて」とすべき。「偶然」がポイント。

②⇒「狩猟採集」とすべき。

18

●その2　評価：**B−**　字数：119字 - - - - - - - - - - - - - - - - あと一歩です

数年前までは，①人類は人口増加により食糧確保が難しい地域へ追いやられた人々により②植物の種の循環に偶然気がついたことにより農耕が始まったとされていたが，今日では農耕は人々が食糧不足に耐えられるように③植物や動物を研究した結果だと考えられている。

①⇒削除。後半の「人々」と重なってしまう。

②⇒「植物の生命の循環性」とするなら可。

③⇒古代人の研究対象として「動物」は述べられていない。「植物」とすべき。

¶1　数年前まで，考古学者の通説は，初期の人類が農耕を始めたのはやむを得ない事情によるものだったということであった。専門家の主張によれば，人口が増えたことで，集団内の一部の者が，最も豊かな地域 ―― 狩猟をしたり，大地から大量の食糧を採取したりすることが簡単な地域 ―― から追いやられたということだ。

- ☐ practice farming「農耕を行う」 cf. practice medicine「開業医をしている」
- ☐ claim that S V「S V と主張する」
- ☐ S lead O to (V)「Sのため O は(V)する」
- ☐ push ~ out of ...「~を…から外へ追いやる」

¶2　その従来の考え方は，こうした追いやられた人々は，豊かな環境から外れた所にある恵みの少ない所で暮らしているうちに，採取された野生植物の種子が，捨てられたり偶然落ちたりすると，その場所で育ち始めることがよくあることに気づいた，というものだ。そこで，そうした人々は，痩せた土地であっても作物を意図的に植えた方が，狩猟をしたり食用となる野生の植物を採取したりするよりも，豊かで確実な食糧源が得られることを知った。その結果，痩せた土地における仮の住み家が恒久的な居住地へと発展していったというわけである。しかし，最近の研究は，必ずしもその通りではないことを示唆している。

- ☐ Living on the poorer edges of ... は分詞構文。
- ☐ edge「端，はずれ」
- ☐ the rich environments は the most productive areas の言い換え。
- ☐ seed「種」
- ☐ intentionally「意図的に」
- ☐ not ... quite「全く…というわけではない」

¶3　現在の考古学者たちの考えでは，農耕は単に偶然によって始まったのではないのかもしれないということだ。そうではなく，初期の人類が何らかの科学的な研究を行ったために始まったのかもしれないというのだ。彼らの意見では，野生の食糧が簡単には手に入らない不猟の年が時折あったので，古代の諸民族は十分な食糧を常に確保できる方法を見つけなくてはならないと考えた。そこで，古代人たちはある特定の野生植物で実験し，最適と思える植物を最終的に栽培することに決めたのである。考古学者たちは今，農耕において，必要性は必ずしも発明の母ではなかったと言う，そうではなく，人間の創造的能力こそが農耕を生み出した，と考えている。

- □ might not have + Vp.p. 「Vしなかったかもしれない」
- □ some scientific research 「何らかの科学的研究」
- □ make sure (that) S V 「必ずS Vするようにする」 ※ that 節には未来のことでも will は入れない。
- □ choose to (V) 「(V)するようになる，(V)することに決める」
- □ Necessity is the mother of invention. 「必要は発明の母」が元の諺。

---

that の直後に副詞（句・節）が挿入される場合がある

　文を名詞にまとめる接続詞 that の直後に副詞（句・節）が挿入されて，≪S V that 副詞（句・節）S' V'.≫の形になることがある。これは，副詞（句・節）がS' V' を修飾していることを明確にするためである。

〔例1〕 They say that <u>in the district</u> the rice crop is the worst in 10 years.
　　　　「その地域では稲作は 10 年ぶりの凶作だということだ」

〔例2〕 I realized that, <u>though we'd gone to the same high school</u>, we had been raised in two totally different cultures.
　　　　「2人の高校は同じだったがまるで違う2つの文化の中で育ったことがわかった」

　本文では以下の下線部が挿入された副詞節である。

¶ 3 ❸ They say that <u>because ancient peoples had experienced occasional bad years when wild foods were not easily available</u>, people thought they should look for ways of making sure they always had enough food.

18

19

「生存競争における生物の『不正』」

難易度：★★★★☆

段落メモと要旨を書くためのポイント

¶1　全ての動物は生存競争で何らかの「不正」を行っている。

¶2　人間の子どもは長期間親によって守られている間に経験により学ぶ。

¶3　イソギンチャクは本能で危険を回避するので，学ぶ必要がない。

> ¶1❷の however に注目し，続きに筆者の主張が書かれると考えよう。そこでは「全ての種はこのゲーム（生存競争）で何らかの不正を行っている」とある。この後で「不正」の説明が続くと予想できる。ここでの「不正」という言葉は，生物を非難するために用いられているというより，自らの主張をユーモラスに提示するためのものである。よって解答例では「生物には自然環境の中での生存の可能性を高めるような特徴がある」のように書きたい。
> ¶2❶に「2つの極端な事例を考えてみよう」とあることから，「不正」の対比内容をまとめよう。

模範要約例

[109字]

全	て	の	生	物	は	自	ら	の	環	境	の	中	で	生	存	の	可	能	性
を	高	め	る	手	段	を	と	る	。	例	え	ば	人	間	は	親	に	長	期
間	安	全	を	確	保	し	て	も	ら	う	間	に	経	験	か	ら	生	存	の
方	法	を	学	ぶ	。	一	方	イ	ソ	ギ	ン	チ	ャ	ク	に	は	本	能	の
中	に	危	険	へ	の	対	処	法	が	組	み	込	ま	れ	て	お	り	学	ば
ず	と	も	生	き	延	び	る	。											

解説　「生物は自然環境の中で生存の可能性を高める手段をとる」という点と，「人間は学ぶ」と「イソギンチャクは学ばない」という対比情報がポイントとなる。これらがきちんと表現できていない答案が多い。ただし「人間」「イソギンチャク」は具体例の一部なので省いてもよいだろう。

All animals play an unfair game as they fight for survival in their environment. For example, during the long period when they are protected by their parents, humans learn from experience how to cope with life. On the other hand, a sea anemone is equipped from birth with responses that enable it to deal with all kinds of dangers. It does not need to learn them.

生徒要約例

●その1　評価：**A**ー　字数：100字 - - - - - - - - - - - - - - - - -

動	物	は	皆	,		生	き	て	い	く	た	め	に	は	環	境	と	戦	う	。
し	か	し	成	長	す	る	ま	で	周	り	か	ら	保	護	を	受	け	て	学
ぶ	動	物	と	適	切	な	反	応	が	先	天	的	に	埋	め	込	ま	れ	て
い	る	動	物	が	い	る	。		こ	の	2	種	類	の	方	法	に	よ	っ	て
,	ど	ち	ら	の	場	合	も	公	正	な	勝	負	に	は	な	ら	な	い	。

①⇒「ので学ばない」と付け加えるべき。この答案は全体的にはうまくまとめられているが，それでも「学ぶ」と「学ばない」という対比情報が抜けている。

●その2　評価：**B**ー　字数：109字 - - - - - - - - - - - - - - - - - あと一歩です

全	て	の	生	物	は	,		そ	の	生	き	て	い	る	環	境	で	,		生	死
を	か	け	た	取	捨	選	択	を	し	な	け	れ	ば	な	ら	な	い	が	,
子	供	が	世	界	を	深	く	知	る	ま	で	親	が	制	限	し	た	り	,
生	得	的	行	動	に	よ	っ	て	正	し	い	選	択	を	し	た	り	す	る
こ	と	で	,		こ	の	生	き	残	り	を	か	け	た	ゲ	ー	ム	を	操	作
す	る	こ	と	が	で	き	る	。											

①⇒「競争」や「戦い」なら可。

②⇒このままでは「不正」とは言えないので，「長期間守ったり」とすべき。

③⇒「知識」なら可。

④⇒「を戦い抜く」などなら可。「操作する」とは書かれていない。

19

¶1　全ての動物は, 自然環境を敵にまわして潜在的には極めて危険なゲームをしている。それは, 報酬として得られる生存か, しくじった罰として与えられる不快かさらには死をかけて判断を下さなくてはならないゲームなのである。しかしこのゲームではフェアプレーは期待できない。というのも, 実は常に何らかの不正がなされており, 全ての種が何らかの方法でごまかしをしているのである。

- ☐ potentially「潜在的には」
- ☐ be not to be expected「予想されることにはならない」 ※直訳。
- ☐ rig「…を不正に操作する」
- ☐ in one way or another「何らかの方法で」
- ☐ cheat「だます」

¶2　2つの極端な事例を考えてみよう。最初に, 反応が個々の経験によってほぼ完全に決定される動物の例として, 人間を取り上げてみよう。私にはまだ幼い息子がいる。この子が2歳まで生き延びてきたのは, 主に普段はだらしない両親がしっかり面倒を見てきたおかげだといえる。この子が偶然私たちの元に産まれて来て以来, 私たちはきっちり片付けるということを覚えた。鋸(のこぎり)やのみは隠している。梯子(はしご)は何かに立てかけておいたりせず, 横に寝かしている。庭木戸も閉めている。簡単に言えば, この子が色々なことを試してみる機会はほどほどに抑えられているので, 息子は経験によって自由に学ぶことができるが, ひどいけがをしたりすることはないだろうと, 私たちはそれなりに安心していられる。周囲の世界についての子どもの知識が増えるにつれ, 制限を緩めることができる。常識的に言って, 子どもを完全に一人前にするには約20年かかるので, 私たちにはまだ18年も残っているのである。

- ☐ considerable care「かなりの世話」
- ☐ (V)の名詞形 on the part of ...「…が(V)すること」 ※名詞構文の主語を表す形式。
- ☐ normally untidy「普段はだらしない」
- ☐ lay ... flat「…を横に倒して置く」
- ☐ prop ...「(倒れそうなもの) …を支える」
- ☐ garden gate「庭園入り口の門, 庭木戸」
- ☐ fairly「ほどほどに」

¶3　これは, 生存というゲームにおける作為の一例である。もう1つの極端なやり方は, 大きな危険をはらむあらゆる行為に対する正解を, 最初から組み込んでおくというものである。例えばイソギンチャクは全て, 食べられるものとそうでないものを区別する。食べられるものなら触手で包み, 口の中に押し込むが, 食べられないものだと払いのけ, つつかれると口を閉ざす。

イソギンチャクはこうしたことを学習により知るのではない。このような反応はイソギンチャクに最初から組み込まれているのであって，固体の経験によって変わるものではない。イソギンチャクには，何一つ教えることはできない。学習することは決してないのである。

- ☐ have O fitted「Oを備え付けておく」 ※ have O (V) p.p. は，普通「…してもらう（使役）」，「…される（被害）」で用いることが多いが，本文のように「…してしまう（完了）」で使われることもある。
- ☐ at the outset「最初から」
- ☐ poke ...「…をつつく」

19

anemone について

　日本語が世界に誇る「アニメ」が，今では日本語と同様に anime でも通じるようです。animation の語根の anima とは,元々は「息」「魂」という意味です。つまり動く漫画は「魂の入った漫画」というイメージですね。animism といえば「万物に霊魂が宿っているとする説」のことです。animal「動物」は有名な単語ですから解説は不要でしょう。花で anemone「アネモネ」というのがありますが,これは「息」から発展して「風にそよぐ花」という意味です。sea anemone「イソギンチャク」は，「海の中でアネモネのようにそよぐもの」という意味ですね。同系語には次のようなものがあります。

　animate「生命を与える」「活気づける」←「息を吹きかける」

　unanimous「満場一致の」の un- は，uni-「一つ」の意味です。そこから「息・魂を一つにした」という意味になります。そこから「誰一人として異議を唱える者がない」→「満場一致の」という意味になります。

「国際ビジネスでのコツ」

難易度：★★★★☆

段落メモと要旨を書くためのポイント

¶1 「国際ビジネスで成功するには相手国の文化への適応が大切だ」が通説。

¶2 しかし，この見方に疑問が投げかけられた。研究の結果，ビジネス関連の考え方の違いは，異国人同士より，同じ国民同士の方が大きいことが判明。

¶3 グローバル化の結果，ビジネスの基準を国に置くことには疑問がある。

¶4 国の違いより，職業や社会経済的な地位を基準とする方が仕事上の価値観がわかる。

¶5 交渉相手の出方を探る判断材料として，相手の国を基準にするのは得策ではない。

> 「一般論」は筆者に覆されることが多いと知っておこう。本問での一般論は，「国際ビジネスで成功するには相手国の文化への適応が大切だ」ということ。筆者の主張は，「仕事上の価値観を予測するには，交渉相手の職業や社会経済的な地位を考慮する方がはるかに妥当である」ということ。「国際ビジネスで成功するにはAではなくBを考慮すべき」というようにまとめよう。

模範要約例

[79字]

国	際	ビ	ジ	ネ	ス	で	成	功	す	る	に	は	，	交	渉	相	手	の	出
方	を	探	る	判	断	材	料	と	し	て	，	そ	の	人	の	出	身	国	特
有	の	文	化	で	は	な	く	，	そ	の	人	本	人	の	職	業	や	社	会
経	済	的	な	地	位	を	考	慮	し	予	測	す	る	方	が	よ	い	。	

解説 「国際ビジネスで成功するための心得」についての文であるという全体の方向性を間違えてはいけない。「国際」，「仕事／ビジネス」という内容が欠けている答案が多い。筆者の主張を説明する箇所では「職業や社会経済的な地位」という文言を必ず入れること。

また，¶3❶，❸，¶5❷，❸等から「ビジネスパーソンに対する国際ビジネスで成功するための提言」であるということを見抜こう。語尾は「〜しなくてはならない／〜すべきだ」などが妥当。

In the world of international business, our judgment about how to best approach a negotiation with someone from another country should be based on that person's occupation and socioeconomic status rather than the culture and values of their country.

生徒要約例

●その1　評価：**A** －　字数：80字 - ●

ど	の	国	に	お	い	て	も	そ	の	国	の	仕	事	へ	の	態	度	は	一
般	化	す	る	こ	と	は	で	き	ず	，	仕	事	を	す	る	相	手	国	の
文	化	的	固	定	観	念	で	判	断	す	る	の	で	は	な	く	，	職	業
や	経	済	的	地	位	で	予	測	し	な	け	れ	ば	成	功	は	な	い	。

① ⇒「国際ビジネスにおいて」とすべき。

② ⇒ 意味が曖昧。要約文は読み手がその文章の内容がわかるようにすべき。「交渉相手の出方を探る判断材料として」とすべき。

●その2　評価：**B** －　字数：75字 - ●

国	に	よ	っ	て	仕	事	へ	の	態	度	を	一	般	化	す	る	こ	と	は
で	き	ず	，	相	手	の	国	の	文	化	的	な	固	定	観	念	で	判	断
す	る	の	で	は	な	く	，	行	動	を	予	測	す	る	こ	と	が	仕	事
で	成	功	す	る	た	め	に	は	大	切	で	あ	る	。					

20

① ⇒ この答案は読んでいくと「相手の国」や「仕事で成功する」などと書かれているため悪くはないが，それでも読み手の立場に立つと，最初に「国際ビジネスにおいて」と書いた方がわかりやすい。

② ⇒ 生徒要約例その1の②と同様。

③ ⇒「その人の職業や社会経済的地位を考慮に入れて」と入れて残りの部分で字数調整をすべき。単に行動を予測するだけでは説明が不十分。

¶1 　広く受け入れられている1つの見方に，文化と国はほぼ交換可能であるというものがある。例えば，「日本式」仕事の仕方（間接的で礼儀正しい）というものがあり，それは「アメリカ式」（直接的で攻撃的）あるいは「ドイツ式」（生真面目で能率的）などとは異なるものであるというのが定説だ。そして，成功するためには，仕事の相手国のビジネスの文化に適応しなければならないということだ。

> ☐ culture and country「文化と国」　※ country は「国」の意味では可算名詞で，「（ある特徴を有した）地域」の意味では不可算名詞の扱いとなる。ここでは後半の記述に鑑みて「国」と訳している。
> ☐ more or less = almost「ほぼ」
> ☐ be supposed to (V)「(V)ということだと思われている」
> ☐ no-nonsense「生真面目」　※「無意味なものがゼロ」が直訳。

¶2 　しかし，最近の研究で，このような仕事の手法に疑問が投げかけられた。この新たな研究では，それまで35年間にわたって行われてきた558の先行研究のデータを用いて，仕事に関連する4つの姿勢が分析された。それは，個人と集団とどちらを重んじるか，序列制度や地位を重んじるかどうか，リスクや不確実性を避けるかどうか，そして競争と集団の和のどちらを重んじるかというものだ。もし従来の見方が正しければ，国と国の違いは同じ国の中の違いよりはるかに大きいはずである。しかし，実際には，こうした4つの姿勢の違いの80%以上が同じ国の中で見出され，国と国とで異なるケースは20%未満であった。

> ☐ challenge ...「…に異議を唱える」
> ☐ previous studies「先行研究」
> ☐ hierarchy「序列，職階性」
> ☐ A correlate with B「AとBは相互に関連している」

¶3 　それゆえ，少なくともビジネスの舞台においては，ブラジル文化とかロシア文化などと単純化して語るのは危険である。もちろん，各国には共通の歴史や言語，共通の食べ物や流行，さらにそれ以外にも各国特有の習慣や価値観が多数ある。しかし，人の移動だけでなく科学技術，考えのやり取りにおけるグローバル化の多くの影響のために，国を基準としてビジネスの文化を一般化することはもはや受け入れられなくなっている。タイにいるフランス人のビジネスパーソンは，祖国のフランス人より，タイ人のビジネスパーソンとの共通点の方が多いという可能性は十分にあるのだ。

> ☐ simplistically「単純に」
> ☐ a business context「ビジネスという環境」

- ☐ country-specific「国独自の」
- ☐ globalization「グローバリゼーション，グローバル化」
- ☐ generalize from A to B「一般的にAとBを結び付けて考える」
- ☐ have ～ in common with ...「…と～の共通点を持っている」
- ☐ his or her Thai counterparts = Thai businesspersons「タイのビジネスパーソン」
- ☐ back in France「祖国であるフランスにおいて」

¶4　事実，（ある人の）仕事上の価値観を予測するには，その人の出身国よりもその人の職業や社会経済的な地位を考慮する方がはるかに妥当である。例えば，様々な職業の100人のイギリス人よりも，様々な国籍の100人の医者の方が，価値観を共有している可能性がずっと高い。オーストラリア人のトラックの運転手は，言語は別とすれば，同じオーストラリア人の弁護士よりインドネシア人のトラックの運転手の方をより親しみを感じる仲間であると思うだろう。

- ☐ country of origin「出身国」
- ☐ Briton「イギリス人」
- ☐ different walks of life「様々な職業」
- ☐ Language aside = apart from language「言語を別として」

¶5　交渉が成功するかどうかは，相手方の出方を予測することができるかどうかで決まる。国際的な舞台で，私たちの判断が国ごとの特徴に関わる考えから生じている限りは，予測を誤って不適切な対応をしてしまうことになるだろう。ある人の出身国を基準として，その人の文化的背景について固定的な見方をすることは愚策でしかないのだ。

- ☐ the other party「（交渉の）相手」
- ☐ to the extent that S V「S Vの程度まで」→「S Vの限りにおいては」
- ☐ cultural stereotyping「文化に関わる固定的な見方」

20

時間配分について

　東大の要旨要約の場合，かけてもよい時間はだいたい10分です。ふだんダラダラと読んでいる人からすれば「10分しかない！」ということになるのでしょう。しかしリスニング中心の勉強をしている人なら，今回の文章は約360語なので1分に180語の速さで聴けば2分くらいで聴き終わる長さだとわかりますね。よって10分というのは妥当な時間なのです。今回の文章は東大の過去問です。文章は少し長いですが，10分を目安に解答してほしいと思います。

「『オーラル・ヒストリー』の特徴と影響」

難易度：★★★★☆

段落メモと要約を書くためのポイント

¶1　オーラル・ヒストリーによって，従来の歴史には現れない一般庶民の日常生活をも窺い知ることができる。

¶2　オーラル・ヒストリーでは，歴史家が面接取材するため，新たな技術や知識が必要となる。また，取材される側が自らの解釈を加えるため，歴史家になり，力を得ることもある。

> 　問題文は「『オーラル・ヒストリー』の特徴と影響」なので，その点を書くように気をつける。¶2❹以降の文に注意。❹で書かれた情報に対して，Moreoverで始まる❺と，❻で追加情報が述べられる。追加情報といっても，❹より❺・❻の方が瑣末な情報だ，ということではないので，❹と❺・❻の内容を共に盛り込むこと。❺の内容「オーラル・ヒストリーを行う者にとっては，ただ歴史を作るだけにとどまらない」はあまりにも抽象的である。その具体説明である❻の「歴史を語ることにより語る側に力を与える」という内容も入れるべき。

模範要約例

[118字]

オーラル・ヒストリーとは，一部のエリートのみならず，従来歴史に残らなかった一般庶民への面接取材を通してその日常体験をも歴史に残す試みである。歴史家は新たな技術や知識を求められ，語る方は自らの歴史解釈を加え，それにより力を得ることもある。

解説　「日常体験の記録」，「歴史家が新たな技術や知識を求められる」，「語る方も自らの歴史解釈を加え歴史家となる」というポイントが抜けた答案が非常に多い。

　本文の情報の中からどれを選んだらよいのかがわからない場合，P.91に示した「隠れ対比」の表を作ってみるとよい。そうすることで書くべきことが明確になり，書くべき内容の漏れが少なくなるはずだ。

Oral history is an attempt to create a record of people's daily experience through interviews with ordinary citizens, not only with the elite. Such experience has previously been omitted from historical records. Historians have had to develop different skills and acquire knowledge from other fields, and the people interviewed have become historians who provide their own interpretation of the past, and through this process, these people are empowered.

生徒要約例

●その1　評価：**B −**　字数：105字 — — — — — — — — — — — — — — — — — — あと一歩です ●

オーラル・ヒストリーは①歴史の裏側に隠されてしまった人々の②経験と視点を歴史的記録として提示する歴史伝承の方法である。それは様々な学問分野③から技術を発達させ，同時に語り手自身の歴史を④考えるきっかけにもなるのである。

① ⇒「口述で，労働者階級や一般庶民」とすべき。

② ⇒「日常生活の」と付け加えるべき。普通の歴史との違いだからである。

③ ⇒「の知識や技術を歴史家に要求し」とするとよい。¶2❷の誤読かな。

④ ⇒「語り，力を得ることもある」とすべき。¶2❺・❻の内容が抜けている。

21

●その2　評価：**C**　字数：109字 — — — — — — — — — — — — — — — — — — 要努力 ●

オーラル・ヒストリーは様々な階級の人々から自身の①歴史的経験を直接聞き取り，文書化して記録に残すことである。②これは20世紀後半より多くの国で行われ，その③目的は過去の再解釈を通して，④個人や社会集団に影響を与えることであった。

★ ⇒ この答案のように，オーラル・ヒストリーの特徴が上手くまとめられていない答案が目立つ。

① ⇒「日常経験をも」とすべき。

② ⇒ 不要。

③ ⇒ オーラル・ヒストリーの全体的な「目的」は書かれていない。最終文の誤読かな。

¶1 20世紀後半，オーラル・ヒストリーは多くの国で実践され現代史に重要な影響を及ぼすようになった。社会的，政治的なエリートに属する人たちへの面接取材によって，既存の文書による情報源の幅が拡がったが，オーラル・ヒストリーが最も際立って貢献した点とは，オーラル・ヒストリーがなければ「歴史の中に埋もれたまま」であった人々の集団の経験や視点を歴史の記録の中に取り込んでいくことである。このような人々については，過去において，社会評論家によって，または公的文書の中で書かれたことがあるかもしれないが，その人自身の生の声が保存されることはごく稀であり，あったとしても普通，個人的な記録や自伝風の作品という形態であった。オーラル・ヒストリーの面接取材を通して，とりわけ労働者階級の人々や文化的少数派に属する人々が歴史の記録に自分たちの経験を付け加え，自分たち自身の歴史解釈を提示したのである。さらに，歴史的な経験の中で特に他の情報源からだと抜け落ちてしまいがちな，人間関係や家庭内の仕事，家庭生活といった特定の側面が面接取材によって記録され，そしてそれらは，実体験がもつ，主観的，個人的な意味で満ちていたのである。

- ☐ have a ~ impact upon ... 「…に~な影響を及ぼす」
- ☐ contemporary history 「現代史」
- ☐ as practised in many countries 「多くの国で実践されていて」 ※ as it has been practised ...の省略された形。it は oral history を意味する。
- ☐ existing documentary sources 「既存の文書による情報源」
- ☐ distinctive 「目立った」
- ☐ includes 〈within the historical record〉 the experiences and perspectives 「歴史の記録の中に経験や視点を含める」 ※ 動詞の直後の副詞句の挿入に注意。
- ☐ otherwise 「もしそうでなければ…」 ※ここでは「オーラル・ヒストリーがなければ」という意味。
- ☐ autobiographical writing 「自伝風の読み物」
- ☐ among others 「とりわけ」
- ☐ add A to B 「AをBに加える」
- ☐ interpretation 「解釈」
- ☐ document ... 「…を文書として残す」
- ☐ particular aspects of ~ which ... の which ... の先行詞は aspects。
- ☐ resonate with ... 「…で満ちあふれている」 ※原義は「…と共鳴する」。
  ロングマン現代英英辞典の定義：to be full of a particular meaning or quality

¶2 オーラル・ヒストリーは歴史事業に他の面でも一石を投じてきた。オーラル・ヒストリーの歴史家は，面接取材の記録作成に必要となる技術を身につけねばならなかったし，また，社会学，人類学，心理学，言語学といった他の学問分野からも学び，取材相手が自らの記憶を語った場

合にそれをよりよく理解できるようにする必要もあった。最も意義深いのは，オーラル・ヒストリーは歴史家と情報提供者との間の生きた人間関係に基づいており，このことは，歴史学で行われてきたことを幾つかの点で変革し得るものである。語り手は過去を思い出すだけにとどまらず，その過去に対する自らの解釈も主張する。そしてこのためオーラル・ヒストリーという参加型のプロジェクトにおいては，面接取材を受ける側が情報源だけでなく歴史家になり得る。おまけに，オーラル・ヒストリーを行う者にとっては，それがただ歴史を作るだけにとどまらなかった。あるプロジェクトでは，その主要な目的が過去を思い出して解釈をし直すという作業を通じて，個人や社会集団に力を与えるというものもあった。

- ☐ challenge ...「…に異議を唱える」
- ☐ enterprise「事業，企て」
- ☐ skills required for ...「…に必要となる技術」
- ☐ sociology「社会学」
- ☐ anthropology「人類学」
- ☐ linguistics「言語学」
- ☐ narrative「語り」
- ☐ transform ...「…を変革する」
- ☐ assert ...「…を主張する」
- ☐ interviewee「面接を受ける人」 ※ -ee は「…される人」。
- ☐ empowerment「力を与えること」

隠れ対比に注意！

本文には直接言及されてはいないが，対比が示唆されていることがあります。

	普通の歴史家	オーラル・ヒストリーの歴史家
主に情報源となる人	一部のエリート	エリート，一般庶民
対象となる内容	大事件や政治	庶民の日常生活
歴史家に必要なもの	資料などに基づく歴史的な考察	面接記録作成のための技術，歴史以外の学問分野の知識
情報源	過去の記録	過去の記録＋歴史解釈
付加的事項	――	語る側に力を与える

21

本文では「普通の歴史家」に対する言及はありませんが，上記のように対比している部分に注目してみると，本文から何を取り上げて書けばよいかが明確になってきます。困ったときには，このような「隠れ対比」の表を作ると頭が整理されます。試してみてください。

「自伝の粉飾」

難易度：★★★★☆

段落メモと要旨を書くためのポイント

❶❷　伝記を書けるのは自らの内面を知る本人だけだ。人は自伝を書く際に，本当の自分を隠して違うものに作り変えてしまう。

❸～❺　理想像を優先するため不利なことは言わない。

❻　知られたくない重大なことは意識的に省略する。

❼～❾　重大な欠点は隠蔽する。

> ❷の but に注目。逆接の後ろに重要な情報が書かれることが多いからだ。そこには❷ in writing it he disguises it「自伝を書く際に，違うものに作り変えてしまう」とあり，これが筆者の言いたいことだと推測できる。ただこれでは「嘘を書く」ような印象を受けるが，続く文脈から，そういうわけではないとわかる。どのようにして「作り変えるのか」を読み解いていこう。❸～❾より，「嘘を書く」のではなく，「知られたくない部分を書かない」ことによって自伝を作り変えることがわかる。

模範要約例

[70字]

伝	記	を	書	け	る	の	は	自	ら	の	内	面	を	知	る	本	人	だ	け
だ	が	，	理	想	像	を	優	先	し	，	重	要	事	項	や	重	大	な	欠
点	を	意	識	的	に	省	略	す	る	た	め	，	そ	れ	は	粉	飾	さ	れ
た	自	画	像	に	す	ぎ	な	い	。										

解説　「粉飾する」部分を，本文に書かれている順に丁寧に具体化すること。つまり，①「理想像を優先する」，②「重大なことは意識的に省略する」，③「重大な欠点は意識的に省略する」ということを書くこと。「伝記を書けるのは本人だけだ」という情報は，本文全体の中でそこまで重要な情報ではないのでなくてもいいかもしれない。この問題は随所に構文的に複雑な点があるせいか，誤解した内容をそのまま書いた答案が目立つ。

It is only the subject of a biography that has enough information to write it properly, because it is only the subject who knows his or her inner life. Regardless, no one will write a completely true autobiography because we are all naturally inclined to try to make ourselves look good.

生徒要約例

●その1　評価：**C＋**　字数：64字 ------------------------

人	の	内	面	の	特	徴	や	人	生	は	本	人	に	し	か	書	く	こ	と
が	で	き	な	い	。	人	は	何	も	言	わ	な	い	こ	と	に	よ	っ	て
他	人	に	自	分	を	良	く	思	わ	せ	，	真	実	を	隠	す	こ	と	が
で	き	る	。																

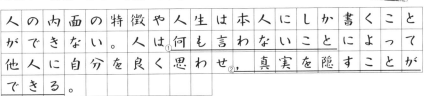

① ⇒ 「知られたくない重大なことや欠点については書かない」とすべき。

② ⇒ 「…隠すことができる」という語尾と「自伝」と書かれていないせいで，この文章全体のテーマからずれている要約になっている。「…るので，本当の姿を語ることにはならない」や「…るので，全体の印象を変えることになる」とすべき。

●その2　評価：**C**　字数：68字 ------------------------

自	分	の	内	面	，	本	当	の	人	生	は	自	分	し	か	知	ら	な	い
。	人	は	，	周	り	の	自	分	の	良	い	部	分	を	見	せ	よ	う	と
し	，	悪	い	部	分	を	隠	し	て	い	る	が	，	そ	れ	を	見	抜	く
こ	と	は	で	き	な	い	。												

22

① ⇒ 「書けない」とすべき。この文章は「人生を書く」時の話である。このままでは話をする時にも関係するような印象を受ける。

② ⇒ 「周りの自分の良い部分」のような，わかりにくい日本語を使うべきではない。せめて「周りに」とか「他の人に」とすべき。

③ ⇒ 自伝の粉飾を見抜けるかどうかがテーマではない。「…ので，嘘を書くことになる」とか「…ので，ありのままの姿とは変わってしまう」などとすべき。

❶自分の人生を書けるのは本人以外にはない。❷自分の内なる存在，つまり本当の人生がどのようなものであるかを知っているのは本人だけである。しかし，人は自らの人生について書く際に，それを違うものに作り変えてしまうのだ。

- □　but 前「…以外の」
- □　his inner being と his real life が同格の関係にある。
- □　being「存在」
- □　disguise ...「（違うものに見せかけ）…を隠す」

---

❸人は自伝という名のもとに弁明をする。❹人に見て欲しい自分を示すが，ありのままの自分をさらけ出すことは全くない。❺最も誠実な人でさえも，せいぜい発言に偽りがないというだけで，黙ることによって嘘をつくことになる。

- □　under the name of ...「…の名のもとに」
- □　himself as he wishes to be seen「見て欲しい自分」　※名詞限定の as 。
- □　the sincerest persons「最も誠実な人でさえ」　※最上級は直訳しておかしい場合は even の意味を補うとうまく訳せる場合もある。

---

❻そうした人は，話の中に一切触れないことがあるため，たとえ自分の人生を赤裸々に語っているように見えても，その内容が大きく変わってしまうため，真実を一部しか語らない場合には，何も語っていないことになってしまうのだ。

[直訳] 彼らが何も言わない事柄が，彼らが告白するふりをしている事柄をあまりに変えてしまうので，真実の一部しか述べない時には何も言わないということになる。

❻　Things of which they say nothing change so greatly what they pretend to confess that ... は of which they say nothing が Things を修飾し，so ～ that ... という構文が使われている。この構文は通例 so の直後に形容詞，副詞が置かれて「とても～なので…」と解釈する。

---

❼人は欠点のある自分を示すかもしれないが，かわいらしい欠点以外を伝えることはまず無いであろう。そして醜い欠点を持たない人などいない。❽自分の肖像画を描くかもしれないが，それは横顔にすぎない。❾ある人の頬に醜い傷跡があったり，片目がつぶれていたとしても，それらがこちらには隠している顔の片側にあるのなら，顔が全く違った風に見えなかったかどうかなど，誰が知ろうか。

PC について

political correctness「言語の政治的公正, 反差別（運動）」は, 政治的・社会的に公正・公平・中立的で, なおかつ差別・偏見が含まれていない言葉や用語のことを指します。

1980 年代のアメリカでこうした語を使う運動が始まりました。この英文はその時代より前の英文なので a man「人」, それを指す代名詞 he / his / him が使われています。今の英語なら someone「人」, それを指す代名詞 they / their / them が使われますね。

この時代 physician も意味変化をします。この時代から博士号をとる看護師が増加します。その場合たとえ nurse でも doctor と呼ばれることになり, 混乱が生じます。よって, 特に米国では physician は「医師」の意味で使われ出しました（なおアメリカ英語で「内科医」は internist. イギリス英語では surgeon「外科医」の対比語として physician「内科医」が使われることもある）。英文中で physician を見たら, まず「医師」だと考えましょう。

22

「言語の消滅と誕生」

難易度：★★★★☆

段落メモと要約を書くためのポイント

¶1　現在，多くの言語が消滅している。将来英語と中国語だけになってしまうかもしれない。

¶2　この見方は，それと同じ速さで新たな方言が生まれ，それが個別言語とみなされているという事実を見落としている。

> ¶1では「言語の消滅」，¶2では「言語の誕生」について書かれている。¶2の「新しい方言が生まれて，それが個別言語とみなされていく」という内容を正確に見抜こう。

模範要約例　　　　　　　　　　　　　　　　　　　　　　　　　　　[67字]

今	の	言	語	が	将	来	大	幅	に	消	滅	す	る	と	い	う	見	方	は
，	減	少	と	同	じ	速	さ	で	方	言	が	多	数	生	ま	れ	，	そ	こ
か	ら	個	別	言	語	が	誕	生	し	て	い	る	と	い	う	事	実	を	見
落	と	し	て	い	る	。													

解説　¶1では「言語の消滅と，それに伴う諸民族の歴史の消失」について述べられているが，「諸民族の歴史の消滅」は¶2との関連がないので要約には含めない。「言語の消滅」と「個別言語とみなされうる方言の増加」の関係性には筆者は一切触れていない。この点を誤解すると「言語が消滅するからこそ方言が生まれる」などという的外れな要約になる。

　また，本文の¶2❸にあるS now recognize ... as distinct languages.のrecognizeとas ...がとても離れているため，文構造を理解しづらい。そのためか「個別言語とみなせるような方言」という内容を書けていない答案が目立った。そのため英文自体はそれほど難しくないのだが，満点となる答案はほとんどなかった。

The idea that many of the languages spoken today will soon be lost does not take into account the fact that new languages, in the form of distinct dialects, are being generated at the same speed as other languages are disappearing.

生徒要約例

●その1　評価：**B＋**　字数：65字 ----------------------

現	在	話	さ	れ	て	い	る	言	語	は	ど	ん	ど	ん	減	少	し	て	い
き	二	言	語	だ	け	に	な	る	と	い	う	見	解	は	₁新	し	く	増	え
て	い	る	方	言	が	₂言	語	と	み	な	さ	れ	得	る	こ	と	を	見	逃
し	て	い	る	。															

★ ⇒ 全体的には非常によくまとめられている答案例。しいて言うなら「,」がどこかに欲しい。
読みやすさを考慮に入れよう。

① ⇒ 「その減少と同じ速さで」が抜けている。字数調整のため「どんどん減少していき二言語だけになる」は「大半が消える」とする。

② ⇒ 方言との差異化を図るために「個別言語」としたい。

●その2　評価：**C**　字数：68字 --------------------

現	在	世	界	に	は	約	5	0	0	0	言	語	が	存	在	し	て	い	る	が	,
い	つ	か	は	そ	れ	が	英	語	と	中	国	語	に	な	る	と	い	う	見		
解	が	あ	る	が	,	₁₂減	っ	た	言	語	と	同	じ	程	多	く	の	言	語		
が	生	ま	れ	て	い	る	。														

① ⇒ 「その見解は…という事実を見落としている」という内容を入れたい。

② ⇒ 言語の誕生の理由を書いてほしい。「方言が個別言語とみなされていくので」と加えるとよい。さらに「減った言語と同じ程多くの」は「言語が減るのと同じ速さで」と言いかえた方がわかりやすい。

23

¶1　現在世界で話されている言語の数は，どれを方言と数え，またどれを個別言語と数えるかによるが，約 5,000 あると推定されている。これらに（古代ギリシャ語やラテン語のように）まだ学校で教えられていたり，（サンスクリット語やゲーズ語のように）宗教行事で使われている一握りの「死語」を加えることもできるだろう。言語学者は，これらの中で，ゆうに半数を上回る言語が次の半世紀以内に，母語としての話者がいないという意味で死滅するだろうと予想している。こういう言語の大半は母語話者が現在 1,000 人未満であり，しかもその話者のほとんどがすでに高齢者となっているのである。世界が僅か２つの言語に支配される日が来る可能性があるとさえ示唆されている。現在の状況からすると，それはほぼ間違いなく英語と中国語になるであろう。もちろん，これほど多数の言語が失われるのは残念である。言語を失えば同時に，私たちは過去の断片を失うことになるからだ。というのも，言語は歴史，その民族の経験の集積，彼らが行った移動，そして彼らが今までに受けた侵略を象徴しているからである。

- □　count O as C「OをCと数える，OをCとみなす」
- □　'dead' に ' ' が付いているのは，完全に「死語」ということではなく，実際には学校などで教えられていることがあるということを示唆している。
- □　well over ...「ゆうに…を超える」　※ well は強調の副詞。
- □　in the sense of ...「…の意味で」
- □　the time may come, ..., when ... の when ... は time を説明する関係副詞節。
- □　, it has even been suggested, は挿入句。このように that 節を導く S'V' が挿入されている場合，挿入句に that を付けて文頭に移動させると内容がつかみやすい。
- □　performance「言語運用」　※ on present performance「言語の現在の使用状況からすると」という意味。
- □　fragment「断片」
- □　peoples「諸民族」

¶2　しかし，この見方は人間行動の１つの興味深い特徴を見落としている。すなわち，言語の喪失と同じ速さで，新しい方言を生み出す傾向があるのだ。英語は地球全体に広がって，あらゆる大陸で複数の国の公用語となっているばかりか，貿易や政治，科学の共通語となっている。しかし同時に，多数の地域方言が発達して，それぞれの話者はお互いにほとんど通じなくなってしまっている。今では，ほとんどの言語学者はピジン語（ニューギニアの「ピジン英語」）や黒人英語（米国の大都市の黒人によって主に話されている形態の英語），カリブ・クレオール語（カリブ諸島の英語），クリオ語（西アフリカのシエラレオネのクレオール語），更にスコットランド語（スコットランド低地地方で話されている英語）でさえも，個別言語であると認めているのである。

- □ observation「観察結果」 ※ this observation は「現存する言語の半数以上が死滅し，ゆくゆくは英語と中国語だけになってしまうかもしれないという見方」の意味。
- □ English has spread ... to become 〜の to become 〜は「結果」を示す to 不定詞。よって「英語は広がっていって，（その結果）〜になる」ということ。
- □ yet 接「（意外なことに）しかし」
- □ recognize O as C「OをCと認識する」 ※本文では recognize と as ... が離れているので注意が必要。
- □ PC（P.95）の観点からは，Black English Vernacular は African American Vernacular English が主要な呼称になっている。

❸の文構造

$$
\underset{\text{S}}{\underline{\text{Most linguists}}}\ \text{now}\ \underset{\text{V}}{\underline{\text{recognize}}}\ \left\{ \begin{array}{l} \underline{\text{Pisin (...),}} \\ \underline{\text{Black English Vernacular (...),}} \\ \underline{\text{Caribbean Creoles (...)}} \\ \text{and} \\ \underline{\text{Krio (...)}} \\ \text{and even} \\ \underline{\text{Scots (...)}} \end{array} \right\}\ \text{as}\ \underset{\text{C}}{\underline{\text{distinct languages.}}}
$$

O

結論を急がないこと

　この問題は ¶1 では「多くの言語が消滅している」と書かれています。そして ¶2 では「それと同じ速さで多くの方言が生まれている」とあり，さらに「その方言が個別言語へと変化している」とあります。以上のことから早合点する人は「多くの言語は減っているが，新たに生まれるものがあるから大丈夫」などと考えてしまいがちですが，もちろんそんなことは絶対言えません。本文に書かれていること以外の事柄を答案に入れないように気をつけてください。

23

24

「初等教育における歴史の役割」

難易度：★★★★☆

段落メモと要旨を書くためのポイント

❶〜❸　歴史を過去の記録にすぎないとみなすなら初等教育での役割の根拠は見つけ難い。

❹〜❽　歴史を間接的な社会学（離合集散の動機，社会の様々な形態，誕生過程，組織化の形態を示すもの）と考えれば初等教育で教える価値がある。

❾〜❿　歴史は子どもにとって複雑で身近すぎる現在の社会では教えられないような，社会の力と形態を教えることができる。

> 「歴史を過去の記録にすぎないものではなく，間接的な社会学だと考えれば，初等教育で教える意義がある」がこの文の主張。「間接的な社会学」では抽象的すぎるので，その部分を具体化し，さらに❾❿の補足内容を加えて答えとする。

模範要約例

[98 字]

歴	史	を	単	な	る	過	去	の	記	録	で	は	な	く	，	現	在	の	社
会	で	は	複	雑	で	子	ど	も	に	身	近	す	ぎ	て	教	え	ら	れ	な
い	よ	う	な	人	間	の	離	合	集	散	の	動	機	，	社	会	の	様	々
な	形	態	，	誕	生	過	程	，	組	織	化	の	形	態	を	示	す	も	の
と	み	な	せ	ば	初	等	教	育	に	お	い	て	は	重	要	だ	。		

解説　「歴史の初等教育での役割」という主題を無視した答案は 0 点になってしまう。また forces and forms「（社会の）力と形態」に相当する説明などを抜かしてはいけない。本文では❹で歴史を「社会生活の種々の力と形態の説明」と定義し，それを❺❻で「普遍的なものだ」とした上で，❼❽で「力と形態」の説明を加えている。よって「力と形態」の部分は要約には不可欠である。

　多くの答案には，❹の Not so の部分をよく理解していないためか，主張とまったくずれたことが書かれていた。要旨要約で正解するための前提として正しい英文解釈であることは言うまでもなかろう。

History should not be taught to schoolchildren as a record of the past, but as a way of learning about why societies are the way they are, and about what brings them together and what breaks them apart. It is too hard for students to learn about these things by looking at their own society because they are too close to it.

生徒要約例

●その1　評価：**B +**　字数：98字 -

歴	史	は	単	な	る	過	去	の	記	録	で	は	な	く	,	①	社	会	の	力
と	様	式	を	説	明	す	る	も	の	だ	と	考	え	る	と	初	等	教	育
で	大	き	な	役	割	を	果	た	す	根	拠	を	見	出	す	こ	と	が	で
き	る	。	現	代	社	会	は	複	雑	で	学	ぶ	の	が	困	難	だ	が	,
過	去	の	社	会	は	間	接	的	な	研	究	素	材	と	な	る	。		

★⇒ よくまとめられた答案例。入れるべきポイントを自然な日本語でつないでいる。

①⇒「離合集散の動機, 社会の様々な形態, 誕生過程, 組織化の形態」として, 他で字数を削減する。

●その2　評価：**C**　字数：99字 -

歴	史	と	は	単	な	る	過	去	の	記	録	で	は	な	く	,	①	社	会	生
活	に	影	響	を	与	え	,		形	態	を	説	明	し	た	も	の	で	あ	る②
。	子	ど	も	に	と	っ	て	現	代	社	会	は	複	雑	す	ぎ	て③	身	近	
す	ぎ	る	の	で	学	ぶ	の	が	困	難	で	あ	る	が	,	歴	史	を	学	
ぶ	こ	と	で	,	④	現	代	社	会	を	知	る	こ	と	が	で	き	る	。	

24

①⇒ 本文の❹の an account of the forces and forms of social life の誤読と思われる。「社会生活の種々の力や形態」とすべき。

②⇒「と考えれば, 初等教育で大きな役割を果たす根拠を見出すことができる」と書くべき。元のままでは「教育」というニュアンスが欠けている。

③⇒ 削除した方がわかりやすい日本語になる。そもそも「身近すぎるので学ぶのが困難」とはどういうことだろう？　このように要約文の読者に疑問を抱かせるような答案は書かないようにしよう。

④⇒「現代社会を知ることができる」も要旨からずれている。

訳 例

❶もし歴史を過去の記録にすぎないとみなすなら，歴史が初等教育の課程で，いかなる形であれ，大きな役割を果たすべきであるという主張に何らかの根拠を見つけることは難しい。❷過去は過去であり，死者の埋葬は死者に任せておくのが安全であるかもしれない。❸現在には緊急に対処せねばならないことがあまりにも多くあり，将来に対してやるべき要請もあまりに多いため，子どもを永遠に過ぎ去ったことに深入りさせておくだけの余裕はない。

- ☐ ground「根拠」
- ☐ the dead may be safely left to bury their dead「死者の埋葬は死者に任せておくのが安全であるかもしれない」→「過去のことをほじくり返すのは止めた方がよい」
- ☐ too many ..., too many ..., to permit ... は too ... to (V)「…過ぎて (V) できない」の形。
- ☐ urgent demand「緊急に解決すべき要求」
- ☐ call「要請」
- ☐ over the threshold of ...「(比喩的に) …の入り口を越えてやってくる」
- ☐ be gone by「過ぎ去った」 ※昔は現在完了は《be＋過去分詞形》の形も存在しており，現在でも「往来発着」に関連する動詞には適用されることがある。

❹歴史を社会生活の種々の力と形態の説明と考えるのなら，話は別だ。❺社会生活なら常に私たちと共にあり，過去と現在との違いは重要ではない。❻社会生活が送られる場所がいずれであるかもほとんど重要ではない。❼社会生活は，そうした時と場所とは無関係に生活なのである。それは，人々を集めたり，人々を引き離したりする様々な動機を示し，何が望ましく，何が有害であるかを描く。❽歴史が歴史学者にとってどのようなものであれ，教育者にとっては歴史は間接的な社会学，つまり，社会に生じる過程と社会が組織化されるやり方を明らかにする社会研究でなければならないのだ。❾現在の社会は，子どもが学習するにはあまりに複雑すぎるのと同時にあまりに子どもに身近すぎる。❿子どもが，社会の細部にわたる迷宮への手がかりを見つけることなどできず，また社会のあり方を一望におさめることのできる高みにまで登ることもできないのだ。

- ☐ Not so (❹) = It is not so hard to see any grounds for claiming that it should play any large role in the curriculum of elementary education. (❶)
- ☐ an account of ...「…の説明」
- ☐ forces「種々の力」 ※後で「人々を集めたり引き離したりする動機」と言い換えられている。例えば, 戦争, 選挙, デモなどに人を駆り立てる力などを考えればよい。

102

- ☐ forms「種々の形態」 ※後で「何が望ましいもので，何が有害か」と言い換えられている。例えば，民主主義や全体主義などの国家の体制のあり方などを指すと考えればよい。
- ☐ social life we have ※ＯＳＶの目的語の前置。
- ☐ be indifferent to ...「…にとって重要ではない」
- ☐ it was lived ※ lived it (= a social life) を受動態にした形。
- ☐ of slight moment「ほとんど重要ではない」 ※ of importance / help / use と同様，of ＋抽象名詞で「…な性質を持つ」という意味で，形容詞のような意味を持つ。
- ☐ for all that「そうしたことにも関わらず」
- ☐ men「人々」 ※古い英語では性差別語が使われていることがある。(→ P.95 のコラム参照)
- ☐ hurtful「感情を傷つけるような，有害な」
- ☐ the scientific historian「学問として歴史を研究する人」 ※ the は「総称を示す」。※ scientific は in science「学問における」の意味。
- ☐ the educator「教育者」 ※ the は「総称を示す」。
- ☐ sociology「社会学」 ※ a study of society ... と同格の関係。
- ☐ becoming「生じること」 ※ become = come to be の原義から生じた意味。
- ☐ mode「方法」
- ☐ clue into ...「…に入るための手がかり」
- ☐ of detail「詳細にわたる」
- ☐ mount ...「…にまで上る」
- ☐ from which to (V) = from which he is to (V)
- ☐ a perspective of its arrangement「社会の配列の（大局的な）見方」

前置詞＋関係代名詞＋ to (V)

　I don't know what to do. の what to do は what I am to do「私は何をすることになるのか」→「何をするべきか」と考えるとわかりやすいですね。それと同様に，I have not chosen the clothes in which to go out. という文の in which to go out は，in which I am to go out「それを着て外出することになる」から I am が省かれた形だと考えるとわかりやすいですね。

　本文では He ... can mount no heights from which <u>he is</u> to get a perspective of its arrangement「彼は高みに上れない＋そこから社会のあり方を一望することになる」から he is が脱落したと考えればいいわけです。

24

103

「イングランドの自然」

難易度：★★★★☆

段落メモと要旨を書くためのポイント

❶〜❹　イングランドの自然はほとんど全て人の手が入っているので，歴史家が原初の姿を想像するのは困難だ。

❺〜❼　歴史家が原初の姿を想像するためには，歴史の他に，植物学，地理学，博物学の知識を駆使して，今の形から差し引きする必要がある。あらゆることを考慮し，何かを補ったり取り除いたりすれば，景色はその純粋さと新鮮さを取り戻すかもしれない。

> ❶で「イングランドの自然に，昔と同じ状態の場所は多くない」ということが述べられており，❷，❸も同意。❹で歴史家の仕事「昔の人が見ていた世界を想像する」が述べられ，「それは難しい」と付け加えられる。続く❺ One needs ...，❻ We must ...，❼ We may have to ... ではそれぞれ，過去の姿の想像において注意すべき点が述べられている。あとはこれらをつなげれば答えに至る。

模範要約例

[80 字]

イ	ン	グ	ラ	ン	ド	の	自	然	は	ほ	ぼ	人	間	の	手	が	入	っ	て
い	る	の	で	，	歴	史	家	が	そ	の	原	初	の	姿	を	想	像	す	る
に	は	，	歴	史	の	ほ	か	植	物	学	，	地	理	学	な	ど	を	駆	使
し	て	，	今	の	形	か	ら	差	し	引	き	す	る	必	要	が	あ	る	。

解説　設問文に書かれているように「イングランドの自然」がテーマであるので，「歴史家の仕事」がテーマであるかのように書かれた答案は減点対象。本文では，歴史家は「過去の再現の難しさ」を知っている存在として引き合いに出されているだけである。England は「イングランド」だが，イギリス，英国も認めることにする。詳しくは，P.107 のコラムを参照してほしい。

　さらに❹に書いてあるように「原初の姿を想像する」の主体は「歴史家」である。よって❺は「歴史の他，植物学，地理学など」と書いておきたい。さらに❻❼は字数制限を考え，「今の形から差し引きする必要がある」ぐらいにとどめたい。

[49 words]

Most of England has been altered by humans. In order to imaginatively recreate the natural landscape as its first inhabitants saw it, historians have to be aware of how the land and its animal and plant life have changed, using our knowledge of history, botany, geography, and natural history.

生徒要約例

●その1　評価：**B −**　字数：78字

英	国	の	自	然	は	人	間	の	手	が	加	え	ら	れ	て	い	る	こ	と
が	ほ	と	ん	ど	で	あ	る	た	め	，		歴	史	学	者	が	未	開	墾	の
状	態	の	土	地	を	想	像	す	る	た	め	に	は	，	植	物	学	や	地
理	学	に	お	け	る	知	識	を	用	い	る	必	要	が	あ	る	。		

① ⇒ 開墾されたか否かがポイントではない。単に「昔」や「手つかずの」などとする方がよい。

② ⇒「歴史の他に」を追加すること。また並列で naturalist（博物学者）も述べられているので「など」と加えるべき。

③ ⇒「用いて今の状態から差し引きする」とするとなおよい。

●その2　評価：**C**　字数：67字

英	国	の	自	然	は	人	間	に	よ	っ	て	変	化	し	た	場	所	が	多
く	，	そ	こ	で	は	最	初	に	住	み	つ	い	た	人	が	見	た	手	つ
か	ず	の	自	然	を	鮮	明	に	再	現	し	よ	う	と	い	う	試	み	が
あ	る	も	難	し	い	。													

① ⇒ 本文は「過去の再現は難しい」ことを述べているのではなく「手つかずの状態はないので，過去の姿の想像においては〜が必要だ」ということ。このような要約では全体の方向性がずれているので加点しにくい。例えば文末は「歴史家が再現するには，歴史の他に，植物学，地理学，博物学の知識を駆使して，今の形から差し引きする必要がある」というようにまとめるべき。

25

❶完全な確信を持って，これは最初の住人が「原初の世界の新鮮さ」の中で見たのと全く同じ状態のようだと，感じ取ることのできる場所は多くない。❷イングランドでより辺鄙な場所でさえ，一見どれほど手つかずに思えるとしても，何らかの僅かな点において人の手によって変えられることを回避した所は多くはない。❸シャーウッドの森やウィッケンフェンも完全に思われているような姿というわけではない。❹歴史家は，手つかずの景観を最初に見た人々の頭の中に入ることを試み，彼らが見たものだけを正確に想像しようとするのだが，その仕事がいかに困難であるかを，全てではないにせよ，ある程度は理解している。

- ☐ feel with complete assurance that S V「完全な確信を持ってＳＶであると感じる」　※feel の目的語が that 節。
- ☐ be as ...「…のようなものである」
- ☐ the freshness of the early world「初期の世界の新鮮さ」　※人間が手を加える前の世界の様子。
- ☐ not much of ...「…は多くない」　※not は much を修飾する。
- ☐ its more remote places「イングランドのより辺鄙な場所」
- ☐ in some subtle way or other「何らかの些細な方法で」　※... other subtle ways から subtle ways が省略された形。
- ☐ however untouched we may fancy it is「それがどれほど手つかずであると想像しようとも」　※fancy は imagine ...「…を想像する」と同じ意味。
- ☐ not quite ...「全く…というわけではない」　※部分否定。
- ☐ behold ...「…を見る」
- ☐ if not of all「全てではないとしても」

❺景観の細部に想像力を巡らせる前に，全ての事実を正しく理解したと確信するためには，歴史家であると同時に，植物学者，地理学者，博物学者である必要がある。❻私たちは細心の注意を払って，景観に間違った種類の木々を加えたり，本当は最近の何らかの変化の結果に過ぎない植物や鳥をその景色に入れたり，川がその流れを変えたのが歴史が始まってからかなり時間が経ってからのことであるということを見落としたりする，ということがないようにしなければならない。❼自然の景観が，いまだ手つかずの状態で，その純粋で新鮮な姿を取り戻すためには，私たちはあるところまでは足し，またあるところでは引くといった，あらゆる種類の斟酌をする必要があるかもしれない。

- ☐ One needs to be ... to (V) 「(V)するためには…である必要がある」 ※ one は一般論を示す代名詞。
- ☐ have O right 「Oを正しく理解する」
- ☐ clothe A with B 「AにBを着せる」
- ☐ allow in it ... = allow ... in it 「その中に…を許す」
- ☐ well within ... 「十分に…の内部に」 ※ここでは「歴史が始まってかなりの時間が経っている」ということ。
- ☐ make all sorts of allowances 「あらゆる種類の斟酌をする」
- ☐ ～ before ... 「…の前に～」(=「～して, …」)

❻の文構造

$$
\text{We must be extremely careful not to} \left\{
\begin{array}{l}
\text{clothe ...,} \\
\text{or} \\
\text{allow ...,} \\
\text{or} \\
\text{fail to ....}
\end{array}
\right.
$$

イングランド

　イギリスはオリンピックなどに参加する場合には「イギリス (the United Kingdom)」として参加しますが, 本来は「イングランド (England)」「スコットランド (Scotland)」,「ウェールズ (Wales)」「北アイルランド (Northern Ireland)」という別々の国からなる連合国です。サッカー, ラグビーなどの国際大会では, 今でもこうした呼称を用いて出場しています。England を「英国」とするのは, ウェールズやスコットランドを無視した形になるため, この用語は避けるべきとされます。設問文に「英国」とありますが, 本文には England と書かれているので, 模範要約例では「イングランド」としました。

25

「研究とは何か」

難易度：★★★★☆

段落メモと要約を書くためのポイント

¶1　研究報告とは，自らの論を他人に受け入れてもらうために文書にしたもの。

¶2　研究により，学術界内外及び自身の知識が増す。

¶3　研究から学ぶ際には，それが証拠と推論に基づいているかどうかを批判的に検証することが肝要だが，他者も自らの研究を批判的に読むことを考慮に入れるべき。

¶4　説明するときは意見，感情を述べるだけではいけない。

¶5　研究報告は，読み手が書き手の思考過程をたどることができるものでなければいけない。

> ¶1の「研究報告とは何か」という問題を論じた文章で，それぞれの段落で説明が加えられている。これをもれなくコンパクトにまとめるとよい。
> ¶3〜5は「他者に思考過程を読み取ってもらえるように，証拠と推論に基づいて書くべき」ということが一貫して書かれている。
> ¶2❶，❹のYou may (also) think，¶4❶のTo be sureは「譲歩→逆接→主張」という展開を予感させる語句。筆者が言いたいこと（＝主張）はそれぞれ続く文のButの後ろに書かれているので，それらに注目しよう。

模範要約例

[100字]

研	究	報	告	は	自	ら	の	論	を	他	者	に	受	け	入	れ	て	も	ら
う	た	め	の	文	書	で	,	自	ら	と	学	術	界	内	外	の	知	識	を
増	大	さ	せ	る	。	執	筆	の	際	に	は	,	他	者	に	思	考	過	程
を	読	み	取	っ	て	も	ら	え	る	よ	う	に	,	主	観	で	は	な	く
証	拠	と	推	論	に	基	づ	い	た	も	の	に	す	べ	き	で	あ	る	。

解説　¶1「研究報告とは自らの論を他人に受け入れてもらうために文書にしたもの」，¶2「研究により，自らと学術界内外の知識が増える」，¶3，4「主観ではなく証拠と推論に基づいたものにすべきだ」，¶5「研究報告は，読み手が書き手の思考過程をたどることができるものでなければいけない」を制限字数内に収める。¶5の内容が抜けている答案が多い。

Academic research, which aims to persuade other people to accept its conclusions, increases knowledge not only in the academic world but in the outside world too. As you learn to do research, you will add to your own knowledge. Your research paper must be written in a way that allows readers to understand it by following your train of reasoning and based on evidence.

生徒要約例

●その1　評価：**B**　字数：99字 - - - - - - - - - - - - - - - - - - -

論	文	作	成	は	知	識	を	増	や	し	書	く	力	を	伸	ば	し	将	来
の	仕	事	で	も	役	立	つ	。	結	論	ま	で	の	経	緯	と	な	ぜ	そ
の	主	張	を	信	じ	る	べ	き	か	の	根	拠	を	明	確	に	し	て	書
き	，	他	人	が	個	人	的	な	感	情	無	し	に	読	ん	で	も	納	得
で	き	る	か	自	ら	厳	し	く	判	断	す	る	必	要	が	あ	る	。	

① ⇒「学術界内外及び自身の知識」とすべき。「し書く…役立つ」は「（増や）す」とする。

② ⇒ やや曖昧。「読み手が書き手の論理をたどることができなければならないため」とすべき。

③ ⇒ 削除。このような「譲歩」の内容は書かなくてもよい。

④ ⇒「他人が読んで論理の道筋を理解できるものである」とすべき。¶3～5のテーマである「（報告は）他者が読む」という内容が抜けている答案が多い。

●その2　評価：**C**　字数：96字 - - - - - - - - - - - - - - - - - - -

研	究	報	告	を	書	く	と	文	章	を	作	成	す	る	た	め	の	能	力
が	向	上	し	，	こ	れ	に	よ	っ	て	こ	の	能	力	が	将	来	仕	事
で	役	に	立	つ	。	そ	し	て	，	学	問	界	の	知	識	が	増	大	す
る	。	論	文	は	批	判	的	に	読	ま	れ	る	も	の	で	あ	る	の	で
自	ら	も	厳	し	く	判	断	す	る	必	要	が	あ	る	。				

① ⇒ 研究報告に関する大まかな説明として「研究報告は自らの結論を他者に受け入れてもらうための文書」という内容に変えるとわかりやすい。

② ⇒「学術界内外及び自身の知識」とすべき。「その外」の抜けが多い。

③ ⇒ 削除。これはメインではない。

④ ⇒ 生徒要約例その1の④を参照。

26

訳 例

¶1　研究とは何であろうか？　疑問を持ちその答えを出すために事実を探し求める時はいつで
も，たとえその問いが配管工を探すのと同じくらい単純なものであれ，あるいは生命の起源の
謎を解き明かすのと同じくらい深遠なものであれ，研究がなされていることになる。その答え
に関心を持つのが自分だけであったり，手短な報告しか必要とされていない時であったりすれ
ば，おそらくそれを文書にしようとする人はいないだろう。しかし，その結論にたどり着いた
過程を吟味しなければ他人にその結論が受け入れられないような場合であれば，その研究を文
書にして報告する必要があるだろう。実際に，研究報告によって，私たちは世界について確実
に信用できることのほとんどを知るのである。例えば，かつては恐竜が存在していたというこ
とや，細菌から病気にかかるということや，地球が丸いということでさえである。

- □ every time S V「S V する時はいつでも」　※ every time は接続詞句。
- □ write ... out「きちんと…を書く」　　□ germ「細菌」
- □ 最終文の３つの that 節は，most of what ... と同格の関係にある。
- □ reliably「確実に」

¶2　自分の報告によって増加する世界の知識量は微々たるものだと思っているかもしれない。確か
にそうかもしれない。しかしうまくすれば，自らの報告によって自分の知識が大幅に増え，次の報
告を書く力が向上するだろう。また自分の将来は学術研究ではなく，実業界や専門職にあると思っ
ているかもしれない。しかし，研究は学問の世界の中で重要であるのと同じくらいその外の世界
においても重要であり，ほとんどの点で，それは同じである。だから，現在学術研究という技を
磨いている場合，それは同時に，少なくとも自分が共に仕事をする人にとって，ひょっとすると全
ての人にとってもいつか重要になるであろう研究をする準備をしていることになるのである。

- □ add A to B「A を B に加える」　□ A lie in B「A は B にある」
- □ research is as important outside the academic world as in では，in の後ろ
  に下線の語句が省略されていると考える。
- □ practice one's craft「自らの技を磨く」

¶3　自分自身の研究をすることができるようになる時には，同時に，他の人の研究を用いること，
そしてそれを判断することもできるようになる。どの専門職においても，研究者は決断を下す
前に研究報告に目を通し，評価しなければならないが，これは他人が自分の研究報告をどのよ
うに判断するのかということを学んだ後で初めてうまくやれることである。ここでは主に学問
の世界における研究について関心を向けているわけだが，私たちは私たちの生活に影響を及ぼ
しうる研究について毎日読んだり，耳にしたりしている。だが，そうした報告を信じる前に，
私たちはそれに対して批判的な心構えを持ってじっくり考え，それが信頼できる証拠と推論に
基づいたものなのかどうかを判断しなければならない。

110

¶4 確かに私たちは推論と証拠によるものでなくてもすばらしい結論に「たどり着く」ことができる。伝統と権威，または直観，霊的洞察力，あるいは極めて基本的な感情ですら頼りにすることができる。しかし，自分の主張を信じる理由だけではなく，他人もそれを信じるべき理由を「説明」しようとするときには，意見を述べて自分の気持ちを説明するだけではいけない。

¶5 こうした点で，「研究」報告は他の類の説得力のある文章とは異なるのである。それは，読み手が書き手の感情や信念とは無関係に，真実であると受け入れるような，共有される事実に基づいていなくてはならない。読み手が受け入れられる証拠から，書き手がその証拠から導き出した主張に至るまでの，書き手の論理的思考過程を読み手がたどれるようにしなければならない。したがって，研究者としての成功は，いかにうまくデータを収集し分析するか，ということだけによって決まるのではない。読み手が書き手の推論を検証，判断し，書き手の主張を自分の知識と理解の一部に加えることができるように，いかに明確に自分の論理的思考過程を伝えられるかどうかによっても決まるのである。

「生物工学に対する規制」

難易度：★★★★★

段落メモと要旨を書くためのポイント

¶1 利益・脅威をもたらす生物工学に対して，国家，国際レベルで規制すべきだ。

¶2 促進派・抑制派の妥協点を見つけ，現実的な指針を出すべきだ。

¶3 規制は多大な労力を要するし，規制を緩和すると経済が富を生み出し，技術革新が進む。国家の規制は反感を生み，統制する際の障害となる。

¶4 規制作りは容易ではないが，国際的な規制を作らなければならない。

> ¶1で「生物工学を規制すべきだ」とあり，この内容が最後まで一貫して述べられている。ただし，全面的な規制を述べているわけではない。¶2の内容を中心に「発展の妨げとならない程度の規制」とつけ加えよう。¶3は規制の難しさが述べられているが，これは譲歩。「要旨をまとめよ」なので，省いてもよいだろう。¶4で再び規制作りに賛成の論に戻る。

模範要約例

[56字]

生物工学は利益のみならず脅威をももたらしうるので，その発展の妨げにならない程度の世界規模の規制を作るべきである。

解説 本文の主張を簡潔に言えば「生物工学は脅威にもなりうるので，ある程度の規制が必要である」である。ここに字数の許す限り情報を追加していけばよいだろう。¶4の❺の「今までも様々な困難な課題に取り組んできた（ので，生物工学に対する規制も何とかうまくいくだろう）」は特に大切な情報ではないので省いてもよいだろう。全体像をつかめていないと「…規制は反感を買う可能性がある」などというまとめ方になってしまう。採点では，まず内容の方向性が合っている答案を高く評価した。

Biotechnology may benefit us, but at the same time it poses potential threats, so it needs to be regulated on an international basis in a way that does not prevent its development.

生徒要約例

●その1 　評価：**B＋** 　字数：56字 -

生	物	工	学	の	使	用	の	政	治	的	な	規	制	に	お	い	て	,	効
力	を	発	揮	し	つ	つ	積	極	的	発	展	を	妨	げ	な	い	中	庸	の
,	国	際	的	視	野	を	も	つ	規	制	が	必	要	だ	。				

（①は「政治的」の下）

★⇒ そもそも，「規制が必要」なのはなぜだろう？ 　¶1❶にあるように「生物工学は脅威を
　　伴う」からである。その内容を入れるとさらによい。

①⇒「政治的な」は不要。

●その2 　評価：**C** 　字数：53字 -

生	物	工	学	は	利	益	だ	け	で	は	な	く	害	を	も	も	た	ら	し
う	る	の	で	適	切	な	規	制	を	敷	く	べ	き	だ	が	,	規	制	へ
の	反	感	を	買	う	可	能	性	が	あ	る	。							

（①は「適切」の下、②は「べき」の下）

①⇒ このままでは曖昧。「発展の妨げにならない程度の世界規模の規制」などとすべき。また「世
　　界規模での（規制）」という内容が抜けている答案も多い。同じように例えば「適切な」で
　　は「どのように適切な」なのかがはっきりしないので，もう一歩踏み込んで書きたい。書
　　き手には伝える責任があるので，読み手にも理解してもらえるように書くこと。

②⇒ 削除。筆者の意見は「規制を作るべきだ」である。このように全体の方向性がずれている
　　答案も多い。

27

¶1　生物工学は将来大きな利益をもたらす可能性を秘めているかもしれないが，それには物理的で明白な脅威，または精神的でとらえどころのない脅威が伴うだろう。こうした生物工学に対して我々はどのように対処すべきだろうか。その答えは明らかだ。「国家の権力を用いて生物工学を規制すべき」ということである。そして，もしこれがいかなる単独国家の権限でも規制できないとなれば，国際的な基準によって制限する必要がある。今こそ，生物工学の用途の善悪を区別することを可能にする制度を作り，その規則を国内及び国際的に効果的に施行する方法を具体的に考え始める必要がある。

> □　1行目の that ... は関係代名詞節で，訳例ではここから訳している。
> □　overt「明白な」　　　　　　　□　regulate ...「…を規制する」
> □　nation-state「国民国家，主権国家」
> □　discriminate between A and B「AとBとを区別する」
> □　enforce ...「…を施行する」

¶2　この明白な答えが現在生物工学に関して議論をしている人の多くにはわかりきったことではないのだ。クローンや幹細胞といった研究手順の倫理に関しては，比較的抽象的なレベルで議論が膠着したままであり，全てを許可したいとする陣営と，様々な分野の研究と実践を禁止したいとする陣営とに分裂したままである。もちろんより視野の広い議論は重要であるが，事態は急速に進展しているので，その技術に人間が支配されるのではなく，その技術を自らの下僕とし続けるためには，将来の生物工学発展の方向付けに関する，より現実的な指針がすぐにでも必要となるだろう。全てを許可するわけにもいかず，かなり有望な研究を禁止するわけにもいかないだろうから，折り合いのつく点を見つけるべきである。

> □　mire「ぬかるみにはまらせる」　　□　procedure「手段」
> □　stem cell「幹細胞」　　　　　　　□　camp「陣営」
> □　promising「将来有望な」　　　　　□　guidance on ...「…に関する指針」
> □　middle ground「中間の立場」
> ❷　S remains mired ..., and divided は，mired と divided が共に補語。

¶3　規制作りに関するあらゆる労力を取り巻く非効率性に鑑みると，新たな規制制度の作成は軽い気持ちで始めるべきものではない。この30年のうちに，航空業から通信業に至るまで，各国の経済の大部分で規制を緩和し，より広い範囲で政府の規模と権限を縮小しようとする称賛すべき世界規模の動きがあった。その結果誕生したグローバル経済により，従来よりもはるかに効率よく富が生み出され，技術革新が大きく前進した。過去の過度な規制のせいで，どんな形態であれ国家介入に対して，多くの者が本能的に反感を持つようになってしまった。規制に対す

るこの本能的反感こそが，人類生物工学を政治的に統制する際の主な障害の一つとなるだろう。

- ☐ undertake ...「…に着手する」
- ☐ given ...「…を考えると」
- ☐ commendable「立派な」
- ☐ deregulate ...「…の規制を解く」
- ☐ more broadly to reduce ... で，more broadly は reduce を修飾している。
- ☐ hostile「敵意のある」
- ☐ intervention「介入」
- ☐ it is this knee-jerk aversion ... that ... は強調構文。
- ☐ knee-jerk「反射的な，ワンパターンの」
- ☐ aversion「反感」
- ☐ obstacle to ...「…への障害」

¶ 4　科学技術に関しては，好ましくない進歩を止めたり方向づけたりするために私たちには何も
できないのだからそもそも無理に挑戦すべきではない，というような敗北主義者的な考え方は
何としてでも避けなければならない。社会が人類生物工学を制御できるようにする規制システ
ムの整備は容易ではない。そのためには，世界中の国会議員が進んでこの事案に取り組み，科
学の複雑な問題に関して難しい決断を下さなくてはならないであろう。新しい規則を実施する
ために作られる制度を具体化し形成するというのは，見通しのつきにくい問題である。そうし
た制度に効果的に規制を実施するだけの力を与えつつ，前向きな発展にはできる限り制限をか
けないように作ることが重要な課題である。これよりさらに困難なことは，国際的なレベルで
共通の規則を創設すること，つまり，根底にある倫理的問題に関して考え方や意見が異なる国
家間で意見をまとめることであろう。しかし，これまでにも私たちはこの問題に匹敵するほど
複雑な政治上の課題にうまく取り組んできた歴史があるのだ。

- ☐ at all costs「いかなる代償を払っても，ぜひとも」
- ☐ defeatist「敗北主義者の」
- ☐ with regard to ...「…に関しては」
- ☐ that says ... は，attitude を先行詞とする関係代名詞節。
- ☐ borther (V)ing「わざわざ(V)する」
- ☐ in the first place「そもそも，第1に」
- ☐ put ... in place「…を整備する」
- ☐ regulatory「規定する」
- ☐ legislator「国会議員，法律制定者」
- ☐ step up to the plate「進んで物事に取り組む」　※ホームプレート（野球のホームベース）に近づくイメージ。
- ☐ implement ... 動「…を実施する」
- ☐ wide-open「完全に開いた，結果予想のできない」
- ☐ minimally「最小限に」
- ☐ obstructive「妨げになる」
- ☐ forging「構築すること」
- ☐ comparable「匹敵する，同等の」

❶ a defeatist attitude with regard to technology that says that ... では，1つ
　目の that 以下が修飾するのは technology ではなく attitude である。
❹ Even more challenging will be the creation ... は，ＳＶＣがＣＶＳに倒置さ
　れた形。また，the creation ...，the forging ... は同格関係。

「初期人類が生態系に与えた影響」

難易度：★★★★★

段落メモと要旨を書くためのポイント

¶1 東アフリカの大部分は本来の生態系を維持しているように思われている。

¶2 しかし，化石研究の結果，初期人類の肉食開始と同時期にこの地の大型肉食動物は衰退したとわかった。初期人類が絶滅に追いやったようだ。

¶3 それが食物連鎖の下位にまで大きな変化を及ぼした可能性がある。つまり，人類は大昔から生態系を変える力を持っていたようだ。

¶4 人間と肉食動物の関係について，化石を研究するまで私は正しくは知らなかった。

> ¶1は一般論で，後で否定される内容が述べられているので，ここを要旨に入れる必要はない。¶2と¶3で述べられている以下の3点をまとめるとよい。
> 1．化石研究からわかった
> 2．初期人類が肉食を開始したことにより大型肉食動物の多様性が失われたようだ
> 3．人類は昔から生態系に影響する力を持っていたようだ

模範要約例

[65字]

化	石	研	究	の	結	果	，	初	期	人	類	の	肉	食	開	始	に	よ	り
大	型	肉	食	動	物	の	多	様	性	が	失	わ	れ	た	と	推	測	さ	れ
て	お	り	，	人	類	に	よ	る	生	態	系	へ	の	昔	か	ら	の	影	響
が	伺	え	る	。															

解説 科学的文章では，「事実」と「推測」を区別しなくてはいけない。例えばここでは「初期人類が…したせいで多くの大型肉食動物が絶滅した」という文章は推測であり，事実ではない。よって語尾に「…ようだ」や「…と推測されている」と書くべき。また，その推測の根拠である「化石研究からわかった」という文言を必ず盛り込んでほしい。

また答案の多くは，¶2の「初期人類の肉食開始と大型肉食動物の衰退時期の一致」に触れていなかった。この部分は主張の根拠となる部分なので必要である。

Studies of fossils lead us to think that the diversity of large carnivores began to decline at the same time that early humans began to eat meat, which implies that humans have had an effect on animal ecosystems since ancient times.

生徒要約例

●その1　評価：**A −**　字数：70字

初	期	人	類	の	肉	食	化	が	他	の	肉	食	哺	乳	動	物	の	多	く
を	絶	滅	さ	せ	た	① よ	う	に	，		人	類	は	発	生	当	初	か	ら	生
態	系	に	対	し	大	き	な	影	響	力	が	② あ	っ	た	と	，		化	石	研
究	で	明	ら	か	に	さ	れ	た	。										

① ⇒ 要約の方向性は合っている。できれば「（絶滅させた）結果，多様性が失われた」とした方が具体的でわかりやすい答案になる。

② ⇒ 「初期人類の肉食開始と肉食動物衰退時期の一致」は事実だが，「初期人類が生態系に影響を及ぼした」は推測。よって，「人類は…に影響力が<u>あった</u>」は誤りで，「あったようだ」とすべき。

●その2　評価：**C**　字数：55字

① 人	間	の	出	現	に	よ	っ	て	② 生	態	系	が	大	き	く	変	化	し	た
こ	と	が	③ 判	明	し	た	。		④ 東	ア	フ	リ	カ	の	自	然	は	実	は	手
つ	か	ず	の	状	態	で	は	な	い	の	で	あ	る	。					

① ⇒ 「初期の人間」や「人間の祖先」や「初期のホモ属」とすべき。

② ⇒ 「早い段階から」と入れた方がよい。①，②が上記のままだと最近の話であるかのような印象を受ける。また，単に「大きく変化した」だとどのように変化したのかが不明。その内容と理由を説明しよう。「初期人類が肉食を開始したことにより大型肉食動物の多様性が失われた（ようだ）」という内容を含みたい。

③ ⇒ どのようにして判明したのかを書こう。「（肉食動物の）化石研究によって」とするとよい。

④ ⇒ 要旨には不要。

28

¶1　セレンゲティ国立公園では，朝日が昇ると，サバンナの生活が本格的に始まる。シマウマとヌーは朝露のついた草を食べ，ゾウとキリンはアカシアの葉をむしゃむしゃと食べ，ライオンとハイエナは辺りを眺めて次の獲物を探している。この場所を訪れることは，ある意味，何百万年も前に，すなわち人類が地球を荒らし始めたずっと前に，私たちの祖先の目に映ったような世界を見ることであると，一般的にはそう考えられている。実際，東アフリカの多くの地域が手つかずの生態系であり，私たちホモ属が現われてからも 200 万年以上もの間，ほとんど人間の手が加わっていないというように考えられるのが普通だ。

- ☐ the Serengeti は，タンザニアにある野生動物保護区。
- ☐ 名詞, and S V 「…とすると S V となる」
- ☐ in full swing 「最高潮で」
- ☐ graze 「牧草を食べる」　※ grass 「草」が語源。
- ☐ dewy 「露に濡れた」（dew 名「露，しずく」）
- ☐ munch 「（音を立てて）むしゃむしゃ食べる」
- ☐ survey ... 「…を見渡す」　　　　☐ wreak havoc on ... 「…を荒らす」
- ☐ conventional wisdom 「世間一般の通念」
- ☐ go ... 「…と述べる」　　　　　　☐ pristine 「けがれていない，初期の」
- ☐ ecosystem 「生態系」　　　　　☐ genus 「属」
- ☐ arise 「生じる，現れる」　※活用変化形は arise - arose - arisen。

¶2　しかし新しい研究によって，手つかずだと思われていたこの地に関して，かなりかけ離れた姿が描き出されている。アフリカの肉食獣の化石記録に関する私の研究において，今日東アフリカで歩き回っているライオン，ハイエナ，その他大型肉食動物は，このグループがかつて保持していた多様性のほんの一部を示しているに過ぎないということが明らかになった。興味深いことに，そうした肉食動物の衰退が始まった時期と，初期人類がより多くの肉を食べ始め，それにより肉食動物と争い始めた時期はほぼ一致する。このできごとの一致から推測できることは，それらの肉食動物の絶滅は初期人類のせいであるということである。そうした絶滅は 200 万年以上も前から始まっており，それはホモ・サピエンスが登場するずっと以前のことである。

- ☐ fossil 「化石」
- ☐ carnivore 「肉食動物」　※ carni- 「肉」＋ -vore 「貪り食う」（類例）herbivore 「草食動物」
- ☐ roam ... 「…を歩き回る」
- ☐ fraction 「破片，一部」 cf. fragile 「壊れやすい」, fracture 「骨折」　※ frac- / frag- は「壊れる」のイメージ。
- ☐ diversity 「多様性」　　　　　☐ intriguingly 「面白いことに」

- ☐ S be to blame for ... 「Sに…の責任がある」
- ☐ extinction「絶滅」   ☐ come on the scene「姿を現す」

¶3 この新たな肉食者の登場は，そして大型肉食動物の衰退は，食物連鎖の下位層にまで及ぶ大規模な変化を引き起こし，これらの大型肉食動物の獲物となる動物，そして，そうした動物が食べる植物にまでも影響を及ぼしたかもしれない。したがって，もし私の仮説が正しければ，私たちの祖先は従来考えられていたよりもずっと以前に，彼らの人口がかなり少ない時に，生態系を劇的に変え始めていたということになる。ホモ属はその登場から現在に至るまで自然の力の1つとして機能してきたように思われる。

- ☐ this new meat eater「この新たな肉食者」 ※ここでは初期人類を指す。
- ☐ trigger ...「…を引き起こす」
- ☐ affecting ... は，前文を具体化する分詞構文。
- ☐ prey animal「獲物となる動物」   ☐ hypothesis「仮説」
- ☐ forebears「祖先」   ☐ radically「根本的に」
- ☐ transform ...「…を変形させる」
- ☐ than previously thought「以前に考えられていたよりも」 ※ than の後ろに it was が省略されている。
- ☐ ancestral「祖先の」(ancestor 图「祖先」)
- ☐ from the outset「始めから」

¶4 私はティーンエイジャーの頃に，フィンランド人の古生物学者であるビョルン・クルテンの本で化石肉食動物（つまり哺乳類の中でも食肉目に属する動物）について初めて読んで以来ずっと，こうした動物たちに魅了されてきた。当時は，ただそうした動物がかっこいい，と思っていた。そして，肉食動物が草食動物の数を制御するのに欠かせない役割を果たしていて，草食動物の数を制御するこうした捕食者がいなければ草食動物の数が激増する，ということは知っていた。しかし，肉食動物と人間の関係が数百万年もの歳月を経てどのように発展してきたのかを正しく認識できるようになったのは，肉食動物の化石を専門的に研究し始めてようやくのことであった。

- ☐ which is to say「つまり」   ☐ order「（分類上の）目」
- ☐ mammal「哺乳動物」   ☐ captivate ...「…を魅了する」
- ☐ regulator「規制者」(regulate ... 動「…を規制する」)
- ☐ explode「爆発する，爆発的に増加する」
- ☐ keep ... in check「…を抑制する」
- ☐ Only after ~ did I come to appreciate ...「~した後で初めて…を理解した」 ※文頭に否定的な意味の副詞があれば，疑問文の語順になる。また，「only＋時の表現」の only は「~して初めて，~してようやく」と訳すことも多い。
- ☐ professionally「専門的に」

28

「集団内の絆」

難易度：★★★★★

段落メモと要旨を書くためのポイント

¶1　集団を「想像上の親族」とみなすことで政治的，社会的共同体が形成された。

¶2　しかし，集団（人間社会）は，境界線が曖昧で成員は対等な立場とは限らない「実際の親族」とは異なり，その成員は対等である。何が社会の結束性を高めるのか。

¶3　社会には不可欠な特性があり，それが社会の中と外の境界を明確にする。それにより集団内に結束性をもたらす。

　　筆者の主張は「集団（人間社会）が結束する根拠が，自らの集団に本質的な特性を見出し，外と内を区別し，それゆえ集団内部の成員は対等であるとみなすことにある」というもの。「社会を親族のように考えれば，その結束性が理解できる」とする考えが不十分である根拠として「親族は，親族以外との境界線が明確ではなく，その成員が対等ではない」，つまり親族と集団は異なるのだ，ということを挙げている。以上をまとめればよい。

	親族	集団（人間社会）
外との境界線	曖昧	明確
成員間の関係	近い親戚と遠い親戚がある	対等
結束を高める要因	遺伝上の結びつき	人種，民族性，服装などの共通点

模範要約例

[120字]

人間の集団を親族として喩えても，その結束性が説明できない。親族は親族以外との境界が曖昧で成員が対等ではないが，集団は人種や民族性などの社会的範疇で他の集団と明確に区別され，その成員は皆対等でかつ外部集団を異種とみなすことで団結するのである。

解説　要は「人間の集団はなぜ結束するのか」を述べればよい。¶3❹のHowever以降を筆者の主張と捉えた答案もあったが，それでは全体の主張とずれてしまう。この部分は「外部集団を異種とみなす」ぐらいの記述で十分である。

The ties of human communities cannot be explained by likening them to family ties. Human communities have a sense of their own special characteristics, such as race or ethnicity, which clearly differentiate them from other groups, and which produce a sense of equality among their members, though the degree of relatedness among family members differs, so there is no sense of equality.

生徒要約例

●その1　評価：**B**　字数：113字　あと一歩です

集団を擬似的家族として捉えても，その全成
員を対等とみなす理由が説明できない。人間
は人種などの分類に本質的な意味があると考
えがちで，そこから内と外の概念が生まれ，
外部集団を異種とみなすことによって集団の
結束性が生まれるのである。

① ⇒「集団内の絆／結束性」とすべき。「対等とみなすかどうか」は主題ではない。

② ⇒「特徴によって集団を規定する傾向にあり」と具体化すればさらによい。

●その2　評価：**B−**　字数：118字　あと一歩です

社会の発展に伴い人間は家族の概念を拡大し
て想像家族と称すべき共同体を生み出した。
血縁で結ばれる家族とは異なり，共同体は成
員が特定の心的態度を共有して，結束を強め
集団存続の可能性を高めるが，その心的態度
ゆえに外集団との対立の危険を高める。

① ⇒この答案のように「想像上の家族」をとても大事なテーマとしてとらえた答案が目立つが，
それは間違い。「想像上の家族では集団内の絆を説明するには不十分だ」とすべき。

② ⇒家族と集団（人間社会）の違いは，¶2 ❷に述べられている。not only A but also B で
は通常 B に重点が置かれる。B にあたる「近い親戚と遠い親戚の区別が曖昧な」とすべき。

③ ⇒人種などを共有する集団もあるので「心的態度」ではなく「特徴」くらいがよい。

④ ⇒削除。この情報は蛇足。

29

¶1　「想像上の親族」という概念は，集団の感情が本当の親族を超え得ることを理解するのに役立つ。人間は成員が近親者である小規模な集団で進化してきたので，進化は，密接な親族の成員を助けるように仕組まれた心理に有利に働いた。しかし，人間社会が発展するにつれ様々な集団間の協力がより重要になった。親族を表す言葉や感情を親族以外にまで広く適用することで，人間は「想像上の親族」̶ 交易，自治，防衛などの大規模な取り組みを行うことができる政治的，社会的共同体 ̶ を作り出すことができた。

> ☐ family「親族」　※本問では「近い親戚と遠い親戚」なども family に含まれているので，「家族」という言葉では不適切であろう。ただし，採点に際しては「家族」でも減点しなかった。
> ☐ notion は，学術論文では「概念，観念」という意味で用いられるが，日常的には筆者が「怪しい」と考えている「考え」。ここでは，「想像上の親族」という考え方では不十分であることを示唆している。
> ☐ how group feelings の how は「状況」を示す働き。訳出しないことも多い。
> ☐ be closely related「近い親戚関係にある」
> ☐ favor ...「…を支持する」

¶2　しかし，このような考え方だけでは，なぜ私たちはそのような社会の全ての成員を対等であるとみなすのか説明できていない。想像上の親族が本当の親族と異なるのは，遺伝上の結びつきがないことだけではなく，近い親戚と遠い親戚の区別がないことである。一般的には，ある同胞や母国の全成員は，少なくともその集団の成員という観点からは対等の立場にあるが，一方現実の親族の成員は，その関連の度合いが様々であり，親族の成員であることやその境界を規定する一定不変の方法もない。我々は，人間同士を結びつけその人々の間に固い絆を生み出すもっと根本的な要因を探す必要がある。

> ☐ this concept「考え」　※ここでは「人間の属する集団を『想像上の親族』と捉える考え方」という¶1の内容を指す。
> ☐ brotherhood = an organization formed for a particular purpose, especially a religious one「ある特定の目的，とりわけ宗教上の目的のために形成される組織」
> ☐ S V, whereas S'V'「ＳＶだが一方Ｓ' Ｖ'」
> ☐ define ...「…を規定する」

¶3　もっと深いレベルで人間社会を結びつけているのは，普遍的と思われているよく知られた心理的バイアスである。様々な文化にまたがる子どもの成長に関わる研究でわかることは，どの文化に属する人も，人種や民族性や服装といった人間の社会的範疇には，何か本質的な特性が存在していると考える傾向にあるということだ。このような心的態度が用いられて，「集団の中

と「集団の外」という概念が生じ，最初は結束性などなかった集団に結束性が出てきて，その集団が存続する可能性が劇的に高まった。しかし，このことによって「集団の外」を生物的に自分たちと異なる種とみなすようになり，敵意を抱き対立する危険性が高くなるという可能性もある。歴史を通じて，そしておそらくは人類の先史時代でも，人々は常に集団を形成し，他者を異なる種に属するものと見なすことによって他者と戦いあるいは他者を支配しようとしてきたのである。

- ☐ bias「偏り」
- ☐ universal「普遍的な」 ※「時間・空間と無関係に成立する」ということ。
- ☐ attribute A to B「A（という性質が）がBにあると考える」 ex. No fault can be attributed to her.「彼女に欠点があるとは考えられない」
- ☐ this mental attitude「このような心的態度」 ※ここでは「人間の社会区分には何か本質的な特性があると考える傾向」。
- ☐ coherence「結束性」
- ☐ where initially there was none = where initially there was no coherence
- ☐ enhancing the group's chance of ...「集団の…の可能性を高める」 ※文末に置かれた分詞構文で前文の補足説明をする働き。
- ☐ routinely「いつものように」

結束性について

　英語では文と文とのつながり（結束性）を大切にします。そのため前文（もしくはその一部）を示すときに，"this＋名詞"がよく用いられます。たとえば this attitude [belief / bias / concept / factor / improvement / process / result / risk / trend] などです。

[例] Decades ago, people in a community were convinced that it was their responsibility to raise children in the area. This belief helped the children become aware that they were members of the community.

　本文でも this concept（¶2❶），this mental attitude（¶3❸）に見られます。この表現を使うと文が読みやすくなり，また引き締まるので，皆さんも英作文で使ってみてください。

29

「アメリカのバイリンガル教育」

難易度：★★★★★

¶1〜¶2　企業が二言語・文化に精通する従業員を求めているため，アメリカで二言語（バイリンガル）教育の（本格的）導入が計画されている。

¶3　1968：二言語教育開始（目的：非英語圏出身の移民救済）

　　'80-'90：二言語教育に対する反動（目的：英語を保護する）

　　近年：英語話者の間で二言語教育の人気が増加

> 必ずしも¶1→¶2→¶3という順で要約する必要はない。¶3を参考に時系列で「二言語教育が，導入された→衰退した→人気再熱」とするとよい。また，全ての出来事の目的，理由が書かれているのでそれを加えてまとめると，わかりやすい要約ができる。

模範要約例　　　　　　　　　　　　　　　　　　　　　　　　　　　　[90字]

米	国	の	二	言	語	教	育	は	，		非	英	語	圏	出	身	の	移	民	救
済	の	た	め	に	始	め	ら	れ	た	。		英	語	の	優	位	性	を	守	る
た	め	の	反	動	で	一	度	は	衰	え	た	が	，		国	際	化	社	会	で
活	躍	し	よ	う	と	す	る	英	語	話	者	の	間	で	近	年	再	び	そ	
の	需	要	が	増	し	て	い	る	。											

解説　「二言語教育が衰退した」理由が書かれていない答案が目立つ。また，二言語教育導入の際，その教育を受けたのは移民であったが，近年の対象は英語話者である。この違いを説明するために「近年二言語教育は英語話者の間で人気がある」とすべきだが，下線部の内容が書かれていない答案が多い。また，その理由は「国際化社会で活躍するため」であるが，このことは¶1のリーガンの具体例，¶2の内容から見抜いてほしいところ。

　　　　　　　　　　　　　　　　　　　　[46 words]

　Bilingual education in the U.S. was created to help non-English-speaking immigrants. There was a backlash against it by people who wanted to protect the primacy of English; but in recent years, as society is becoming more internationalized, it is regaining its popularity among native English speakers.

生徒要約例

●その1　評価：**A −**　字数：90字 ------------------

非	英	語	圏	の	生	徒	の	学	業	成	績	の	不	振	を	防	ぐ	為	に
始	ま	っ	た	英	語	と	他	の	一	言	語	に	よ	る	教	育	は	，	移
民	急	増	時	，	英	語	の	首	位	保	護	を	理	由	に	衰	退	傾	向
に	あ	っ	た	が	，	今	再	び	，	国	際	的	活	躍	に	必	要	だ	と
さ	れ	人	気	が	上	昇	中	だ	。										

★⇒アメリカで起こっていることなので，「アメリカでは」という内容を含めた方がよい。このまま入れると字数オーバーになるので，他で調整すること。

①⇒「優位性を守るため」に変更。現状の日本語は不自然。

②⇒二言語教育再熱の特徴として「英語話者の間で」という内容を付け加えたい。

●その2　評価：**C**　字数：80字 ------------------

二	言	語	の	学	習	は	将	来	役	に	立	ち	，	世	間	で	二	言	語
を	話	せ	る	人	が	求	め	ら	れ	て	い	る	の	で	，	二	言	語	学
習	計	画	が	注	目	さ	れ	て	お	り	，	移	民	の	増	加	は	あ	っ
た	も	の	の	，	近	年	は	ま	す	ま	す	人	気	を	得	て	い	る	。

①⇒このままだと世界中で起きている話のような印象を受けるので，「アメリカにおける二言語の教育（学習）」とすべき。この下線部が抜けやすい。

②⇒この答案のように時系列順にまとめられていない答案が多い。②の内容は④の理由を表しているので，④の直前に入れるとわかりやすい文章になる。

③⇒「…増加に伴い英語の重要性を維持するための反動で一度衰退したものの」と加えるべき。この内容が抜けている答案が多い。

④⇒「英語話者の間で」と加えるべき。この説明が必要だが抜けやすい。

30

¶1 レイチェル・マルティネス・リーガンが今月オレゴン州西部の高校を卒業した時，彼女が受け取った卒業証書には少し特別なものが付いていた。それは彼女が二言語話者であることを証明する型押しのシールである。彼女はコーバリス高校の，英語とスペイン語の熟達を讃える栄誉を得た十数名の学生たちの中の1人なのだ。その栄誉は，二言語計画を有するオレゴン州の複数の校区において行われた試験的計画の一環であり，同州の教育委員会は，来年はそうしたバイリンガルシールを州全体で使用することを計画している。カリフォルニア州，ニューメキシコ州，ワシントン州，イリノイ州，ルイジアナ州が二言語教育の価値を認め表彰しようと計画しているその他の州に含まれる。マルティネス・リーガンは，二言語計画は学問的観点からすれば大変であったと言った。しかし彼女は，これが自分の職業に関わる計画で大いに役に立つものであると確信している。彼女は「私は弁護士になって，スペイン語を話すコミュニティーに発言権を与えたいのです」と言った。彼女はラテン系のハーフであるが，この計画に参加するまではスペイン語を話せなかった。彼女は今秋エール大学に進学する予定だ。

- ☐ diploma「卒業証書」 ※「2つ折りにされたもの」が原義。
- ☐ emboss ...「…を浮き彫りにする」 ※紙，革製品などに凹凸を付けて文字，柄を浮き彫りにする加工を「エンボス加工」と言う。
- ☐ bilingual「二言語の」 ※ bi- は「2」のイメージ。bicycle は「2つ＋サイクル（車輪）」で自転車。
- ☐ earn (the) distinction「栄誉を得る」 ☐ proficiency「熟達」
- ☐ pilot project「試験的計画」 ☐ district「地域」
- ☐ dual「2つからなる」 ※ duo「デュオ」は「二重奏，二人組」の意味。
- ☐ bilingual seal「バイリンガルシール」 ※バイリンガルであることを示す証印＝
  ¶1 ❶ an embossed seal certifying that she is bilingual
- ☐ reward ... 動「…に褒美を与える」 ☐ boost「上昇，後押し」
- ☐ voice「発言権」 ☐ enroll in ...「…に加入する，入学する」

¶2 二言語計画の人気はアメリカ中で高まっているが，それは雇い主が二言語と二文化に精通する従業員を求めており，二つの言語を話す能力は，自分の子どもがグローバル化された世界で成功するには必要であると認識している親が増えているためである。専門家は，二言語計画とそこで教えられている複数の言語が反映しているのは，アメリカの多様性が高まっていることであり，家庭では英語以外の言語を話す生徒がアメリカで急速に増加しているということでもあると述べている。

- ☐ view O as C「OをCと考える」 ☐ diversity「多様性」
- ☐ fastest-growing「急成長する」

¶3　アメリカの議会では，1968 年に初めて二言語教育の実施を命じたが，その目的は英語を母国語としない生徒が，英語を教わると同時に，学科目を彼らの母国語で学ぶことで，同級生に後れを取らないようにすることであった。二言語計画はアメリカ全土で導入され，数十年間は成功した。しかし特にアジア，ラテンアメリカからの移民の数が 1980 年代と 1990 年代に激増し，その後も増加し続けたために，英語がその優位性を失わないようにしようとする反動が見られた。そして 20 を超える州が英語を公用語とした。だが近年では，二言語教育が人気を回復し，英語を母語とする話者の間で人気が増加しているのだ。

- ☐ congress「議会」
- ☐ mandate「命じる」　※ command「命令する」も同語源。
- ☐ keep ... from (V)ing「…にVさせない」　☐ fall behind ...「…に遅れを取る」
- ☐ peer「同等の人」　※ par「同じ」も同語源。
- ☐ flourish「栄える」　※ flower も同語源。　☐ ensure ...「…を確実にする」
- ☐ primacy「卓越すること」

ポイント解説

　¶3 の文章中で時を表す語句 (青色下線) に注目すると時系列の流れがわかりやすい。

❶ Congress first mandated bilingual education in 1968
[出来事①]

to keep non-English-speaking students from falling behind their peers ...
[目的]

❸ But as the number of immigrants, especially Asians and Latinos,
[理由]

exploded in the 1980s and 1990s and continued to grow,

there was a backlash to ensure English did not lose its primacy.
[出来事②]　　　　　　　[目的]

❺ In recent years, though, bilingual education has regained its popularity and is increasingly attracting native English speakers.
[出来事③]

出　典

1 Why Arc Many Evergreen Trees Shaped Like a Pyramid? from Wonderopolis, Wonder of the Day #1479. Wonderopolis is provided by the National Center for Families Learning. Copyright © NCFL. Reprinted by courtesy of NCFL. https://wonderopolis.org/wonder/why-are-many-evergreen-trees-shaped-like-a-pyramid

2 著作物名・著作権者不明。令和2年2月20日に著作権法第67条の2第1項の規定に基づく申請を行い，同項の適用を受けて掲載しているものです。　〔1990年　東京大学　入試問題〕

3 How Big an Elephant? by G. W. Scott Blair, The Listener, July 14, 1960. Copyright © 1960 by G.W. Scott Blair. Reprinted by permission ofImmediate Media Company.
〔1989年　東京大学　入試問題〕

4 著作物名・著作権者不明。令和2年2月20日に著作権法第67条の2第1項の規定に基づく申請を行い，同項の適用を受けて掲載しているものです。　〔1986年　東京大学　入試問題〕

5 Enemies of Society by Paul Johnson, Weidenfeld and Nicholson. Copyright © 1977 by Paul Johnson. Reprinted by permission of The Orion Publishing Group.
〔1983年　東京大学　入試問題〕

6 A User's Guide to Rational Thinking by Christie Aschwanden, Discover, May 28, 2015. Copyright © 2015 Discover. Reprinted by permission.

7 The Surprising Origins of Life's Complexity by Carl Zimmer, Quanta Magazine, July 16, 2013. Copyright © 2013 Quanta Magazine Reprinted by permission.

8 著作物名・著作権者不明。令和2年3月27日に著作権法第67条の2第1項の規定に基づく申請を行い，同項の適用を受けて掲載しているものです。　〔1994年　センター試験〕

9 Education Without Culture by Walter Lippman, Commonweal Magazine, 1941. Copyright © 1941 by Walter Lippman. Reprinted by permission of Commonweal Magazine.
〔1978年　東京大学　入試問題〕

10 Facebook Likes Reveal Personality Traits by Rick Pantaleo, VOANEWS.COM, Science World, January 13, 2015. Copyright © 2015 VOA. Reprinted by permission.

11 Gemeinschaft and Gesellschaft, One More Time from The Great Disruption by Francis Fukuyama. Copyright © 2000 Francis Fukuyama. Reprinted by permission of ICM.

12 The Internet Has Become the External Hard Drive for Our Memories by Daniel M. Wegner and Adrian F. Ward. Copyright © 2013 Scientific American, a division of Nature America, Inc. Reproduced by permission.

13 Microchip Tracking Reveals How Songbirds Forge by Jason G. Goldman, Scientific American, Feb. 2014. Copyright © 2014 Scientific American, a division of Nature America, Inc. Reproduced by permission.

14 How Diversity Makes Us Smarter by Katherine W. Phillips, Scientific America, Oct 1. 2014. Copyright © 2014 Scientific American, a division of Nature merica, Inc. Reproduced with permission.

15 著作物名・著作権者不明。令和2年3月27日に著作権法第67条の2第1項の規定に基づく申請を行い，同項の適用を受けて掲載しているものです。　〔1996年　センター試験〕

※ [　] 内は出題年度・試験

厳選 30 題で学ぶ！

英文 要旨要約トレーニング

著　　　者	竹　岡　広　信
発　行　者	山　﨑　良　子
印刷・製本	日 経 印 刷 株 式 会 社

発　行　所	駿 台 文 庫 株 式 会 社

〒 101 - 0062　東京都千代田区神田駿河台 1 - 7 - 4
小畑ビル内
TEL. 編集 03(5259)3302
販売 03(5259)3301
《② － 196pp.》

ISBN978 - 4 - 7961 - 1134 - 8　　　　Printed in Japan

駿台文庫 Web サイト
https://www.sundaibunko.jp